NECROEDUCAÇÃO
REPENSANDO AS PRÁTICAS EDUCACIONAIS PARA O ENFRENTAMENTO AO RACISMO INSTITUCIONAL.

Editora Appris Ltda.
1.ª Edição - Copyright© 2024 da autora
Direitos de Edição Reservados à Editora Appris Ltda.

Nenhuma parte desta obra poderá ser utilizada indevidamente, sem estar de acordo com a Lei nº 9.610/98. Se incorreções forem encontradas, serão de exclusiva responsabilidade de seus organizadores. Foi realizado o Depósito Legal na Fundação Biblioteca Nacional, de acordo com as Leis nos 10.994, de 14/12/2004, e 12.192, de 14/01/2010.

Catalogação na Fonte
Elaborado por: Josefina A. S. Guedes
Bibliotecária CRB 9/870

S968n
2024

Suzart, Janete Fernandes
  Necroeducação: repensando as práticas educacionais para o enfrentamento ao racismo institucional / Janete Fernandes Suzart. – 1. ed. – Curitiba: Appris, 2024.
  121 p. : il. ; 21 cm. – (Coleção Educação, Tecnologia e Transdisciplinaridades).

  Inclui referências.
  ISBN 978-65-250-6912-8

  1. Necroeducação. 2. Juventude negra. 3. Educação antirracista. I. Suzart, Janete Fernandes. II. Título. III. Série.

CDD – 371.829

Livro de acordo com a normalização técnica da ABNT

Editora e Livraria Appris Ltda.
Av. Manoel Ribas, 2265 – Mercês
Curitiba/PR – CEP: 80810-002
Tel. (41) 3156-4731
www.editoraappris.com.br

Printed in Brazil
Impresso no Brasil

Janete Fernandes Suzart

NECROEDUCAÇÃO
REPENSANDO AS PRÁTICAS EDUCACIONAIS PARA O ENFRENTAMENTO AO RACISMO INSTITUCIONAL

Appris editora

Curitiba, PR
2024

FICHA TÉCNICA

EDITORIAL	Augusto Coelho
	Sara C. de Andrade Coelho

COMITÊ EDITORIAL

- Ana El Achkar (Universo/RJ)
- Andréa Barbosa Gouveia (UFPR)
- Antonio Evangelista de Souza Netto (PUC-SP)
- Belinda Cunha (UFPB)
- Délton Winter de Carvalho (FMP)
- Edson da Silva (UFVJM)
- Eliete Correia dos Santos (UEPB)
- Erineu Foerste (Ufes)
- Fabiano Santos (UERJ-IESP)
- Francinete Fernandes de Sousa (UEPB)
- Francisco Carlos Duarte (PUCPR)
- Francisco de Assis (Fiam-Faam-SP-Brasil)
- Gláucia Figueiredo (UNIPAMPA/ UDELAR)
- Jacques de Lima Ferreira (UNOESC)
- Jean Carlos Gonçalves (UFPR)
- José Wálter Nunes (UnB)
- Junia de Vilhena (PUC-RIO)
- Lucas Mesquita (UNILA)
- Márcia Gonçalves (Unitau)
- Maria Aparecida Barbosa (USP)
- Maria Margarida de Andrade (Umack)
- Marilda A. Behrens (PUCPR)
- Marília Andrade Torales Campos (UFPR)
- Marli Caetano
- Patrícia L. Torres (PUCPR)
- Paula Costa Mosca Macedo (UNIFESP)
- Ramon Blanco (UNILA)
- Roberta Ecleide Kelly (NEPE)
- Roque Ismael da Costa Güllich (UFFS)
- Sergio Gomes (UFRJ)
- Tiago Gagliano Pinto Alberto (PUCPR)
- Toni Reis (UP)
- Valdomiro de Oliveira (UFPR)

SUPERVISORA EDITORIAL	Renata C. Lopes
PRODUÇÃO EDITORIAL	Adrielli de Almeida
REVISÃO	Pâmela Isabel Oliveira
DIAGRAMAÇÃO	Ana Beatriz Fonseca
CAPA	Eneo Lage
REVISÃO DE PROVA	William Rodrigues

COMITÊ CIENTÍFICO DA COLEÇÃO EDUCAÇÃO, TECNOLOGIAS E TRANSDISCIPLINARIDADE

DIREÇÃO CIENTÍFICA	Dr.ª Marilda A. Behrens (PUCPR)	Dr.ª Patrícia L. Torres (PUCPR)
CONSULTORES	Dr.ª Ademilde Silveira Sartori (Udesc)	Dr.ª Iara Cordeiro de Melo Franco (PUC Minas)
	Dr.º Ángel H. Facundo (Univ. Externado de Colômbia)	Dr. João Augusto Mattar Neto (PUC-SP)
	Dr.ª Ariana Maria de Almeida Matos Cosme (Universidade do Porto/Portugal)	Dr. José Manuel Moran Costas (Universidade Anhembi Morumbi)
	Dr. Artieres Estevão Romeiro (Universidade Técnica Particular de Loja-Equador)	Dr.ª Lúcia Amante (Univ. Aberta-Portugal)
	Dr. Bento Duarte da Silva (Universidade do Minho/Portugal)	Dr.ª Lucia Maria Martins Giraffa (PUCRS)
	Dr. Claudio Rama (Univ. de la Empresa-Uruguai)	Dr. Marco Antonio da Silva (Uerj)
	Dr.ª Cristiane de Oliveira Busato Smith (Arizona State University /EUA)	Dr.ª Maria Altina da Silva Ramos (Universidade do Minho-Portugal)
	Dr.ª Dulce Márcia Cruz (Ufsc)	Dr.ª Maria Joana Mader Joaquim (HC-UFPR)
	Dr.ª Edméa Santos (Uerj)	Dr. Reginaldo Rodrigues da Costa (PUCPR)
	Dr.ª Eliane Schlemmer (Unisinos)	Dr. Ricardo Antunes de Sá (UFPR)
	Dr.ª Ercilia Maria Angeli Teixeira de Paula (UEM)	Dr.ª Romilda Teodora Ens (PUCPR)
	Dr.ª Evelise Maria Labatut Portilho (PUCPR)	Dr. Rui Trindade (Univ. do Porto-Portugal)
	Dr.ª Evelyn de Almeida Orlando (PUCPR)	Dr.ª Sonia Ana Charchut Leszczynski (UTFPR)
	Dr. Francisco Antonio Pereira Fialho (Ufsc)	Dr.ª Vani Moreira Kenski (USP)
	Dr.ª Fabiane Oliveira (PUCPR)	

AGRADECIMENTOS

Em primeiro lugar, agradeço a Deus, que é minha pedra fundamental, fonte da minha inspiração, força e perseverança.

Às minhas filhas, pois a minha família é o porto seguro para onde sempre retorno para me reabastecer.

À Prof.ª Dr.ª Jamile Borges, que, como minha orientadora, diligentemente sugeriu pistas e possibilidades, assim como levantou questões essenciais para a construção deste projeto.

À Prof.ª Dr.ª Norma Lopes, pela parceria e amizade, sempre disponível para ouvir minhas dúvidas e questões, peça fundamental para o desenvolvimento do projeto.

Aos docentes entrevistados, fonte de sabedoria e informação, por terem servido de base para as análises.

Ao querido colega João Mouzart, que, pacientemente, caminhou comigo durante todo esse processo e que, como instigador, me fez refletir sobre minha escrita.

Por fim, aos familiares e amigos que de forma direta ou indireta me mantiveram motivada.

PREFÁCIO

Ao publicar este livro, Janete Fernandes Suzart se imbui de uma tarefa: fazer ecoar os sentidos e práticas desenvolvidos ao longo de seu doutorado, que tive a oportunidade e a alegria de orientar em um programa pioneiro como o Programa de Pós-Graduação em Estudos Étnicos e Africanos da Universidade Federal da Bahia, programa que tem acolhido temas candentes e urgentes numa cidade ainda majoritariamente negra (censitariamente falando, isto é, soma de pretos e pardos) e que, ainda assim, não se vê refletida nos espaços acadêmicos em posições de poder, salvo poucas e honrosas exceções, como esta intelectual negra que aceitou o desafio deste prefácio.

O censo brasileiro, ao identificar essa relação entre pretos e pardos, ressalta a complexidade das relações raciais no país que foi o último a abolir a escravidão. Isso também significa dizer que essa longa história de violência colonial ajudou a produzir categorias e classificações nem sempre fáceis de traduzir epistemologicamente, pois agrupa um amplo espectro de origens e experiências, assim como de vivências e desigualdades específicas.

A sociologia das relações raciais no Brasil tem nos ajudado a compreender a persistência das estruturas sociais que ancoram e reproduzem o racismo em diferentes níveis. Se a estratificação racial influencia oportunidades educacionais, econômicas e de acesso à saúde e bens simbólicos, compreender a mobilidade racial de negros e negras, bem como sua existência em patamares de dignidade ontológica, exige de nós a capacidade de ir além das categorias simplificadas, exigindo uma abordagem mais sofisticada para lidar com as disparidades sociorraciais e promover o ideal de equidade e inclusão. O reconhecimento dessas nuances é fundamental para a construção de políticas públicas eficazes na promoção da justiça social e na superação das barreiras impostas pelo racismo estrutural.

A interseção entre necropolítica e educação emerge, pois, neste livro como um campo crucial para compreender as dinâmicas de poder e exclusão na sociedade contemporânea. O conceito de necropolítica, cunhado por Achille Mbembe, desvela formas pelas quais o poder soberano exerce controle sobre a vida e a morte das populações, especialmente de populações historicamente em posições de subalternidade na dinâmica de poder que engendra e move a roda do capitalismo escravocrata moderno. A educação, espaço por excelência para a promoção do bem-viver, acaba, nesse contexto, por refletir e reproduzir as hierarquias e assimetrias raciais e sociais. Daí por que neste trabalho se explora como a necropolítica se manifesta no cenário educacional atual e suas implicações para a democratização do acesso ao conhecimento.

Quando, nos anos de 1950, o sociólogo brasileiro Oracy Nogueira refletiu sobre o conceito de raça no contexto brasileiro argumentando que a raça no Brasil é uma construção social baseada em uma hierarquia de cor de pele, Nogueira enfatizou que essa hierarquia racial não é estática, mas fluida, e pode variar de acordo com o contexto social e histórico. Do mesmo modo, o mito da democracia racial no Brasil, dizia ele, mascarava as desigualdades raciais e perpetuava o racismo ao negar a existência de discriminação racial explícita.

Historicamente, as ciências sociais ajudaram a reforçar visões que contribuíram para a construção de hierarquias raciais, justificando a opressão de grupos étnicos, desumanizando-os e deixando um legado de encarceramento e marginalidade para as populações ex-escravizadas.

Importante destacar também que, se é verdade que a antropologia muitas vezes negligenciou ou minimizou a importância das estruturas de poder e das relações de dominação na formação das categorias raciais, também é verdade que o campo tem produzido autocrítica e acolhido pesquisas como a de Janete Suzart, colocando o dedo na ferida histórica e assumindo a necessidade de mais e melhores teses e dissertações que se debrucem sobre essas distintas realidades políticas e econômicas assentadas nos regimes escravistas modernos.

A necropolítica representa uma extensão do conceito de biopoder, proposto por Michel Foucault, que enfatiza o controle estatal sobre as vidas dos cidadãos. No entanto, enquanto o biopoder se concentra na preservação e regulação da vida, a necropolítica se volta para a gestão da morte, legitimando a violência estatal e a exclusão de certos grupos sociais. Em contextos coloniais e pós-coloniais, a necropolítica opera de modo a reforçar as hierarquias raciais e sociais, marginalizando e aniquilando corpos considerados "indesejáveis".

Considerando o atual cenário educacional, o que Janete chama de necroeducação se manifesta de diversas formas. Uma delas é por meio das disparidades no acesso à educação de qualidade. Grupos minoritários e marginalizados são frequentemente excluídos de oportunidades educacionais, seja devido à falta de recursos e discriminação institucional ou devido a políticas deliberadas de negligência por parte do Estado. Além disso, a violência presente nos desenhos curriculares e nas práticas pedagógicas ainda profundamente eurocentrados ajuda a reforçar estereótipos, perpetuando processos de subalternização da população negra.

Este livro destaca a necessidade de uma abordagem mais reflexiva e crítica dentro da antropologia sobre a ideia ainda em gestação de uma *necroeducação*. Aqui, a autora advoga em favor de uma educação que reconheça e desafie as formas pelas quais os projetos educativos têm sido usados para perpetuar ideologias racistas e colonialistas. Ela argumenta que a antropologia deve se engajar em uma análise mais profunda das relações de poder e das estruturas sociais que moldam as experiências raciais das pessoas.

Para enfrentar esses desafios, é imperativo adotar uma abordagem crítica e transformadora da educação, que reconheça e conteste as estruturas de poder que perpetuam a necropolítica. Isso envolve a promoção de políticas inclusivas, a revisão dos currículos para incluir perspectivas diversas e a capacitação de educadores e educadoras para reconhecer e combater o preconceito e a exclusão em sala de aula.

Neste livro, mergulhamos profundamente em uma realidade muitas vezes negligenciada, ignorada ou até mesmo negada: as intricadas relações entre raça, racismo e o genocídio das populações negras. Este não é apenas um livro sobre fatos históricos ou estatísticas alarmantes, mas uma jornada para compreender a essência da desigualdade racial e suas consequências devastadoras nas escolas e na vida cotidiana.

Ao longo dos séculos, as populações negras enfrentaram uma miríade de desafios, desde a escravidão brutal até as formas mais sutis e insidiosas de discriminação contemporânea. Este livro não busca apenas narrar esses eventos, mas também explorar as complexas estruturas sociais, políticas e econômicas que os sustentam e perpetuam.

Em cada página, confrontamos a dura realidade de que o racismo não é uma contingência histórica, mas uma força sistêmica que molda instituições, políticas e pilares de sociedades inteiras.

Por meio de uma análise interdisciplinar, reunindo contribuições de acadêmicos, ativistas e vozes da comunidade negra para oferecer uma perspectiva abrangente e multifacetada, este não é um livro para colocar mais uma tese de doutorado "no mundo". É um chamado à ação, um convite para confrontar as verdades desconfortáveis e buscar justiça e equidade para todos.

Jamile Borges da Silva
Professora Associada da UFBA

SUMÁRIO

1
O QUE É A NECROEDUCAÇÃO?...................13

2
COMPREENDENDO A NECROEDUCAÇÃO: BREVE HISTÓRICO DA ESCOLARIZAÇÃO DOS NEGROS NO BRASIL...................25

3
LEI N.º 10.639/03, EDUCAÇÃO E DIVERSIDADE ÉTNICO-CULTURAL: RUMO A UMA EDUCAÇÃO CIDADÃ...................37

4
A NECROEDUCAÇÃO E A PRÁTICA DO RACISMO...................41

5
A EDUCAÇÃO E A INTERFERÊNCIA DO SISTEMA ECONÔMICO CAPITALISTA: AS DESIGUALDADES EDUCACIONAIS...................53

6
LUGAR DE PRETO É NA CADEIA? OS IMPACTOS DA NECRODUÇÃO NO ENCARCERAMENTO DO JOVEM NEGRO NA BAHIA...................59

7
JUVENTUDE NEGRA: VIOLÊNCIA, EXCLUSÃO, RESISTÊNCIA E IDENTIDADE...................67

8
EDUCAÇÃO ANTIRRACISTA EQUITÁRIA EM OPOSIÇÃO À NECROEDUCAÇÃO...................87

9 A EDUCAÇÃO ANTIRRACISTA EQUITÁRIA COMO INSTRUMENTO PARA O COMBATE AO RACISMO 95

CONSIDERAÇÕES FINAIS 107

REFERÊNCIAS 111

1

O QUE É A NECROEDUCAÇÃO?

> *Na educação brasileira, a ausência de uma reflexão sobre as relações raciais no planejamento escolar tem impedido a promoção de relações interpessoais respeitáveis e igualitárias entre os agentes sociais que integram o cotidiano da escola.*
>
> *(Cavalleiro, p. 11, 2005)*

Conceituada como a prática educacional que, fundada na cultura, nos valores, nos saberes e conhecimentos (linguísticos, éticos, estéticos e morais) do grupo branco dominante, pauta-se na desqualificação e silenciamento do sujeito histórico não pertencente ao colonizador, estando embasada no padrão epistemológico eurocentrado que nega outras formas de pensar, de viver e de produzir conhecimentos que não os do europeu, além de elaborar a negação da memória histórica dos povos colonizados e a inferiorização da sua cultura e dos seus saberes.

A categoria analítica da necroeducação surge a partir dos meus estudos em 2017 sobre os impactos do racismo nas escolas, e o termo é pensado com a provocação da pesquisa de Mbembe (2018) sobre a teoria da necropolítica, relacionada à noção de biopolítica de Foucault, em que o autor analisa a política como trabalho da morte e trata a soberania como o direito de matar, seguindo a noção de biopoder, que aparentemente atua conforme a divisão entre dois grupos: os que têm direito à vida e aqueles que não têm. Portanto, colaborou para pensar a necropolítica atrelada ao racismo quando afirma que: "na economia do biopoder, a função do racismo é regular a distribuição da morte e tornar possíveis as funções assassinas do Estado" (Mbembe, 2018, p. 18).

Associando a necropolítica como construção institucionalizada da morte no espaço educacional em que os impactos coloniais são ainda hoje sentidos fortemente, por meio de uma prática pedagógica e escola tradicional. A qual hooks (2017) afirma que segue a manutenção estrutural hierárquica e valida o domínio do grupo dominante, sustentando as opressões dos grupos excluídos historicamente. Ela também atua na fragmentação entre corpo e mente. Ainda segundo a autora, essa dicotomia torna-se uma grande deficiência na formação do(a) professor(a), pois ao ensinar leva em conta apenas a mente, acreditando que somente a mente deve se fazer presente na aprendizagem, porém esquece que ao ensinar o professor tem como modelo um determinado tipo de corpo, o que dificulta mais ainda esse trabalho integrado entre corpo e mente. Outro aspecto importante nessa prática destacado por ela é que incentiva a competição, abstraindo a solidariedade, o consumo sem medidas e o isolamento em detrimento do trabalho em grupo, o que pode fortalecer o espírito de colaboração, diálogo e trocas de vivências.

A presente proposta visa compreender os impactos da prática necroescolar na formação do jovem negro na escola pública em Salvador/Bahia, incluindo um breve estudo sobre o encarceramento de jovens negros no Brasil, destacando o estado da Bahia, como consequência dessa prática necroescolar.

Assim, apontamos para uma nova categoria analítica a necroeducação, como uma espécie de necropolítica aplicada à educação, direcionada às comunidades negras. Essa prática necroeducacional contribui para a preservação dos princípios coloniais, e conforme hooks (2017) vai moldando assim as desigualdades, visto que se fundamenta na manutenção do sistema hierárquico vigente, prioriza os conhecimentos eurocêntricos, o que corrobora no silenciamento, dificultando o protagonismo dos grupos historicamente marginalizados. E ainda de acordo com Cury, o problema não está em ter acesso à educação, pois interessa ao grupo dominante o processo de "condução das consciências" (Cury, 2000, p. 65) para dar seguimento à exploração e manutenção de seus privilégios, e que na verdade não existe recusa por parte do sistema capitalista ao acesso à educação das classes subalternizadas. A recusa encontra-se na mudança da função social da educação. A educação como meio de apreensão do conhecimento não é um recurso inofensivo, ela é intencional, é a principal ferramenta para a conservação de privilégios e interesses da classe dominante e, portanto, é indispensável para que a estrutura econômica e social se mantenha inalterada e não venha oferecer risco para a ordem social capitalista.

A necroeducação tem reforçado uma visão estereotipada e preconceituosa da população negra, e, como consequência, segundo aponta os dados do Atlas da Violência (junho/2018), o cidadão negro possui 23,5% de chances maiores de sofrer assassinato em relação a cidadãos de outras raças/cores, já descontado o efeito da idade, sexo, escolaridade, estado civil e bairro de residência. O Atlas da Violência 2020 atualiza os dados sobre a violência contra os negros e negras no Brasil e reitera que a pessoa negra tem 2,7 vezes mais chances de sofrer uma morte violenta que uma pessoa branca.

Essa exclusão leva à marginalidade social, e é nesse lugar que a necropolítica e a necroeducação convergem, pois a necropolítica entende que os lugares subalternos são os lugares onde se tem licença para matar; a sensação de segurança e invulnerabilidade, características da noção de moratória vital, analisada por Pereira (2007), não corresponde à juventude negra pobre, moradora de favelas: a insegurança tem início no local de moradia, pois esse local é um espaço vigiado diuturnamente pelo aparato do Estado, o braço forte da opressão, submissão e morte, e ele se faz sempre presente, já que a repressão policial chega primeiro que a saúde e a educação. Em muitas dessas comunidades, ela é a única representação do Estado.

Os autores Rangel e Malaquias (2023) denominam esses espaços como territórios excluídos e afirmam que são produtos de certas deliberações nas normas de construção, aliadas ao descaso dos poderes públicos, em relação à moradia da população pobre, o que resulta em construções sem qualquer dignidade, salubridade ou segurança, constituindo-se sem gestão ou assistência do poder público. Sem a presença do Estado, para promover políticas públicas e ações afirmativas para uma vida digna, os moradores dessas áreas passam a acreditar que suas vidas não possuem o mesmo valor de outras pessoas, que não habitam em situação semelhante. O mais grave é que esses excluídos são vistos pelo poder público como uma constante ameaça à ordem e à segurança nacional.

Esses espaços guetizados são realidades enfrentadas por uma parte significativa dos moradores das cidades brasileiras. Sobre o espaço "guetizado", discriminado, onde o Estado está presente somente para exercer a opressão, Fanon (1979, p. 39) o descreve como a "cidade do colonizado":

> [...] um lugar de má fama, povoado por homens de má reputação. Lá eles nascem, pouco importa onde ou como; morrem lá, não importa onde ou como. É um mundo sem espaço, os homens vivem uns sobre os outros. A cidade do colonizado é uma cidade com fome, fome de pão, de carne, de sapatos, de carvão, de luz. A cidade do colonizado é uma vila agachada, uma cidade ajoelhada.

Parafraseando o grande escritor, a cidade do colonizado é a favela que tem fome de justiça social, é a comunidade periférica subjugada, sempre de joelhos, com as mãos na cabeça, é a invasão a qual os poderes públicos não querem que se levante, e por isso mantêm uma escola classista, refletida em uma necroeducação, que funciona como reprodutora do poder dominante, contribuindo no agravamento da desigualdade social.

Outra característica da necroeducação que tem se intensificado na atualidade é o processo de fechamento de unidades públicas escolares, conforme publicado no Correio da Bahia (2019). Esse processo, em Salvador, intensifica-se desde 2017, mesmo antes do advento da pandemia por causa do novo coronavírus, e afeta a vida de 30 mil estudantes em todo o estado. Segundo a mesma fonte, está previsto o fechamento de 108 unidades em todo o estado; e em Salvador, 19 escolas. Porém o sucateamento dessas unidades é um processo mais antigo, que vem se fortalecendo desde 2012/2013, iniciando-se com o encerramento das aulas do turno vespertino; nesse processo de encerrar por turno, grandes unidades de ensino público em Salvador que atendiam mais de 3 mil alunos matriculados, como o Colégio Severino Vieira, o Colégio Central da Bahia, o Iceia – Instituto Isaías Alves, o Odorico Tavares, o Teixeira de Freitas, dentre outros, foram atingidas e tiveram alguns dos seus turnos fechados.

Para o cancelamento do turno noturno de algumas unidades escolares, que atendiam alunos do EJA – Educação para Jovens e Adultos, a partir de novembro de 2018, a SEC – Secretaria de Educação e Cultura alegou problemas com a infraestrutura. O censo escolar de 2017, divulgado pelo MEC, mostrou que as escolas brasileiras têm deficiências estruturantes em relação à infraestrutura. No caso das escolas que oferecem ensino fundamental, apenas 41,6% contam com rede de esgoto, e 52,3%, apenas com fossa; em 6,1% delas, não há sistema de esgotamento sanitário, e 10% delas não possuíam água, energia ou esgoto (Inep, 2017, s/p).

Ou seja, os problemas de infraestrutura não são recentes e atingem uma grande parte das unidades escolares do país.

A necroeducação, utilizando a estratégia de fechamento das escolas públicas em Salvador, evento iniciado pré-pandemia, traz ao debate sérias preocupações sobre a vida desses jovens negros, público-alvo do ensino público; algumas dessas escolas oferecem atividades extraescolares para as comunidades (jogos esportivos, oficinas de artes, dança, entre outras), e muitas vezes elas são as únicas recreações disponíveis, tendo em vista a falta de acesso a certos serviços dessa população, completamente desprestigiada.

Figura 1 – Manifestação de estudantes de escolas públicas de Salvador contra o fechamento das unidades escolares

Fonte: Marina Silva (2018)

Na manifestação de estudantes de escola pública em Salvador, apresentada pela Figura 1, é perceptível o perfil dos alunos que frequentam essas escolas e que serão seriamente prejudicados pelo fechamento das unidades, pois, conforme dados da Unicef (2021), na Bahia 844 mil, cerca de 30,7%, crianças e adolescentes entre 14 e 17 anos, estão fora das escolas; a maior faixa etária é a de 15 a 17 anos; a segunda maior é a de 4 e 5 anos; seguida da de 6 a 14 anos. O Relatório assinala o estado da Bahia em quinto lugar dentre os estados que apresentam as maiores taxas de exclusão na faixa entre 6 e 17 anos — cerca de 30,7%.

Segundo dados da Unicef (2021), 41% das crianças brasileiras sem estudos em 2020 tinham de 6 a 17 anos. A pesquisa afirma que durante o período da pandemia a exclusão escolar atingiu 5 milhões de crianças e adolescentes nessa faixa etária; desses, mais de 40% estavam na faixa de 6 a 10 anos — entre elas, 71,3% são pretas, pardas e indígenas. O Relatório associa ainda a exclusão escolar à desigualdade social, pois aponta que a exclusão escolar atingiu mais quem vive em situação de vulnerabilidade e atesta que com o fechamento das escolas o Brasil poderá retroceder até duas décadas no combate à evasão escolar.

O estudo indica também que em Salvador o perfil de crianças e adolescentes que se encontraram fora da escola em 2020 está situado na faixa etária entre 4 e 17 anos, é predominantemente masculino, 53,2%, contra 46,8% de meninas, e é de maioria negra, 86,0%, contra 14,0% de não negros. Salientamos que o Relatório exprime que as taxas de abandono escolar em Salvador diminuíram em relação aos anos anteriores.

A pesquisa conclui que a pandemia acentuou as desigualdades sociais e o retrocesso dessas crianças na idade de alfabetização, assim como os que se encontram na faixa de ingressar no ensino médio terão uma desvantagem muito séria no que toca aos demais que, apesar da pandemia, conseguiram dar continuidade aos estudos. São 36,9 milhões de crianças e adolescentes, entre 6 e 17 anos, que estão na seguinte situação: 35,4 milhões frequentavam a escola, 31,7 milhões recebiam atividades escolares, podendo tê-las realizado ou não, 3,7milhões não recebiam atividades escolares, e 1,5 milhão não frequentava a escola — esses dados estão demonstrados no gráfico a seguir:

Gráfico 1– Alunos que recebiam ou não atividades escolares

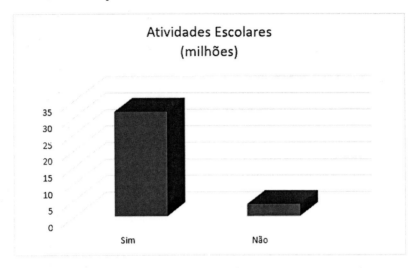

Fonte: a autora (2021) com dados da Unicef/Cenpec Educação (2021)

Gráfico 2 – Frequência escolar dos alunos

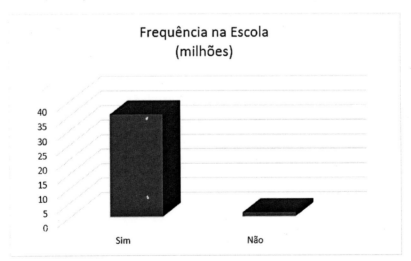

Fonte: a autora (2021) com dados da Unicef/Cenpec Educação (2021)

Esses dados consideram que, durante a pandemia, 35,4 milhões estavam matriculados na escola; nota-se que o número de alunos que não recebiam nenhuma atividade representa mais de 3 milhões. Essa exclusão está correlacionada à desigualdade social e é composta de pardos, pretos e indígenas, e não menos grave o Brasil ainda possui mais de 1 milhão de crianças e adolescentes de 6 a 17 anos fora da escola; o perfil é de grupos de crianças e adolescentes citados acima e que pertencem a famílias que se encontram abaixo da linha da pobreza.

O Relatório também chama atenção para as causas da exclusão escolar na pandemia, citando como uma das principais a falta de acesso à internet tanto por parte do aluno como pelos professores das escolas públicas, a falta de computadores e de espaço em casa, a sobrecarga de trabalho do docente, a baixa escolaridade dos familiares, dificultando na orientação dos alunos nas atividades, assim como a formação inicial do educador que não o prepara para utilizar a tecnologia e atuar na educação a distância.

Debatendo sobre os impactos da Covid-19 para a educação no Brasil, Dias e Pinto (2020) afirmam que os impactos serão mais fortes para alunos e professores empobrecidos, com origem na zona rural ou nas periferias, pela ausência de acesso a computadores, celulares ou internet de qualidade, somando a isso a falta de preparo dos professores relacionados ao manuseio da tecnologia, para utilizar as plataformas digitais, inserir atividades on-line, na gravação de aulas, o que pode acarretar acúmulo de trabalho gerando estresse e distúrbios emocionais, gravados pelo prolongado confinamento.

Em relação aos alunos, as autoras afirmam que as condições precárias da maioria desses alunos, como a falta de espaço em casa, as condições de saúde, condições econômicas, a falta de acesso à tecnologia, computadores, internet, a ausência dos pais, pois a maioria continua trabalhando exaustivamente para manter a renda familiar, deixando esses alunos sem acompanhamento para a realização das tarefas e acessar as aulas on-line, mesmo presente a falta de habilidades cognitivas da maioria deles em acessar o material didático e na realização das tarefas dos filhos, juntando-se ao fato do alongado período de confinamento, são fatores que podem provocar o estresse, a ansiedade, a depressão, além do desinteresse pela escola.

Dias e Pinto resumem a situação da educação no país no contexto pandêmico afirmando que: "Para construirmos um futuro mais saudável, próspero e seguro, precisamos de políticas públicas que garantam um funcionamento adequado para a Educação, fazer o uso inteligente das tecnologias disponíveis, priorizar os mais vulneráveis e proteger educadores e alunos. O Estado precisa se fazer presente" (Dias; Pinto, 2020, p. 547).

Após a pandemia ocasionada pela Covid-19, Salvador enfrenta uma realidade de fechamento de unidades escolares, o que destaca a ausência de um planejamento eficaz para lidar com os desafios persistentes e agravados pela crise, por isso Assis (2021) afirma que é necessário se fazer uma pausa para planejar, e Fonseca (2020) reitera a importância desse planejamento educacional para a manutenção de uma política que pode favorecer o fortalecimento da autonomia dos sistemas educativos.

Ainda sobre essa realidade educacional em Salvador, pré-pandemia, Santana (2017), em sua pesquisa, embasada no relatório do UNFPA (2012), afirma que ela não se mostra diferente da do restante do país, e que sua política educacional é marcada pela falta de políticas públicas que promovam uma educação de qualidade. O Relatório sinaliza a necessidade de elaboração de políticas públicas para as juventudes com o objetivo de assegurar a garantia dos direitos desse segmento, políticas implicadas com a inclusão e a promoção integral das juventudes no município de Salvador, reforçando a função social da escola referente à permanência desses jovens no sistema regular de ensino público, por meio de conhecimentos significativos para sua vida.

A autora analisa as diretrizes curriculares do ensino municipal na capital baiana e critica a tendência do ensino público em preparar o jovem para o mundo do trabalho, desvinculado do saber crítico, o que fragiliza a proposta educacional no tocante à promoção da autonomia. Santana (2017) também constata que a estrutura educacional de Salvador é débil no que tange a uma educação de qualidade e funcionalidade para a mobilidade social.

A Lei de Diretrizes e Bases de 1996 afirma que é dever do Estado garantir os padrões mínimos de qualidade de ensino e insumos indispensáveis ao desenvolvimento do processo, educativo. Na contramão, o que se conclui é que o Estado pensa que é melhor fechar as unidades que investir na educação pública. Segundo a APLB – Sindicato de Professores da Bahia, o fechamento dessas unidades atingirá 11 mil estudantes em Salvador. Conforme, ainda, o Sindicato, são mais de 100 casos em estudo, em todo o estado, que podem ter suas atividades encerradas. É importante ressaltar que, após alguns protestos em Salvador e no interior do estado, a partir de novembro de 2018, o processo foi suspenso pelo governo e ainda não sabemos o que virá.

Porém o que se sabe é que a evasão escolar continua sendo um dos maiores desafios para a educação brasileira, provavelmente essa prática necroescolar, privilegiando os princípios e saberes coloniais, hegemônicos e estigmatizando ou simplesmente ignorando os princípios de uma educação antirracista, o que pode favorecer a emancipação do público preto, maioria nas escolas públicas. Para explicar as elevadas taxas de evasão escolar no país, dados publicados pelo Anuário Brasileiro da Educação Básica de 2021 apontam que, dos jovens brasileiros oriundos de famílias ricas, 96,7% concluíram o ensino fundamental, enquanto dos jovens de famílias pobres apenas 78,2%. Fazendo o recorte racial, 77,5% dos jovens pretos concluem o ensino fundamental; já entre os jovens brancos, o percentual foi de 87,3%. O estudo afirma também que, apesar do aumento das matrículas em escolas públicas no período de 2012 a 2020 de 98%, as taxas de evasão continuam altas, ou seja, a educação pública continua apresentando dificuldades em manter os alunos em sala de aula para concluir seus estudos. Um dos problemas apresentados se refere ao fechamento das escolas durante a pandemia. O estudo aponta que o Brasil é um dos países que manteve por mais tempo as escolas públicas fechadas. Pode-se apontar como causas pelo declínio do sistema educativo o aumento das desigualdades sociais, a falta de infraestrutura, de investimentos e de prioridade na educação, o que consequentemente fomentou as diferenças de oportunidades, o acesso precário ao mundo de trabalho e ao aprofundamento dos problemas sociais no Brasil. Assim, um estudo divulgado pelo Banco Mundial em 2020 adverte sobre os impactos permanentes que atingirão uma geração inteira, como a diminuição da produtividade e danos salariais. Portanto, esse debate sobre a prática da necroeducação pode contribuir para se ampliar uma discussão em nível nacional sobre o descaso com a educação pública, caracterizado pelo pouco investimento na área, ao que se refere à infraestrutura, valorização dos trabalhadores, aperfeiçoamento do sistema de avaliação, dentre outros. Faz-se urgente colocar em prática as conquistas alcançadas pelos trabalhadores em educação, como o Plano Nacional de Educação, o Piso Nacional do Magistério, o Fundeb, o Fundo de Valorização dos Profissionais de Educação, dentre outras ações que coloquem a educação como prioridade de políticas do Estado, como um caminho para a emancipação da população que é seu público-alvo, com o combate dos desvios de recursos destinados à área. Esse fato requer uma mobilização nacional no aspecto político e social.

2

COMPREENDENDO A NECROEDUCAÇÃO: BREVE HISTÓRICO DA ESCOLARIZAÇÃO DOS NEGROS NO BRASIL

A marca da raça, do indígena e do africano, definiu parte de uma experiência comum latino-americana, a da discriminação e subalternização.

(Fernandes, p. 390, 2019)

A educação formal no Brasil possui raízes europeias, coloniais e religiosas, impregnada por conceitos burgueses eurocêntricos que ainda hoje exercem forte influência na vida cultural e social do país. Daí explica-se a escola como um espaço branco, elitista e excludente, que desenvolve uma educação cuja teoria e prática revelam conservação, produção, reprodução e legitimação da conjuntura social estabelecida. Essa prática passa a ser fortemente questionada a partir das reivindicações e luta dos movimentos negros e pela inclusão dos debates das relações raciais, contrários ao mito da democracia racial, que se fundamenta na ideia de eliminar ou assimilar o indivíduo negro por meio do processo de miscigenação racial, presumindo a unidade da população e sua convivência harmoniosa.

Assim, segundo Silva (2012), o conceito de miscigenação no fim do século 19 era visto de forma pejorativa, e o Brasil miscigenado era considerado na Europa como um país de gente híbrida, feia, degenerada, um tipo indefinido de ser humano, deficiente no corpo e no intelecto, seres atrasados. Para fugir dessa imagem negativa e conseguir reconhecimento como nação, o debate sobre a questão racial esteve permeado com as ideias da teoria do embranquecimento, físico e cultural, com o objetivo de exterminar as etnias consideradas inferiores — o alvo principal era a população negra. Conforme o autor, o mito da democracia racial surge a partir da década de 1930 e se estende até início de 1990. A democracia racial defendia a unidade entre brancos, negros e indígenas, encobrindo os conflitos e discriminações que advêm dessas relações. A partir da década de 70, o movimento negro organizado retoma o debate da questão racial, questionando o mito da democracia racial, que no momento era reforçada pela ditadura militar. Há a publicação de trabalhos acadêmicos que questiona a relação direta entre escravidão e discriminação racial, apontando a situação nos diversos campos educacional, social, político e econômico da população negra e parda, exigindo reparação por meio de políticas públicas. Ações afirmativas e estratégias foram pensadas para combater o racismo.

Por isso, para Nascimento (1978, p. 82), "a desconstrução do mito da igualdade racial é essencial para o surgimento de novos modelos educacionais que favoreçam o desenvolvimento, a emancipação dos povos negros e de sua cultura", uma Educação Equitária nos moldes antirracistas, com teoria e prática educacional que sirva como ferramenta de transformação da estrutura social e como contribuição para uma prática comprometida com os interesses coletivos dos grupos excluídos historicamente, visando à sua emancipação.

Analisando a trajetória da escolarização do negro no Brasil, Almeida e Sanchez (2016) apontam que, durante o processo de desenvolvimento da instrução pública em diversas províncias, foi oficialmente negado o acesso da população negra às instituições de ensino. Como exemplo, citam a reforma da instrução primária realizada em 1837, Lei n.º 1, de 14 de janeiro de1837, que proibia a frequência na escola daqueles que sofressem de moléstias contagiosas, dos escravizados e dos pretos africanos, ainda que livres ou libertos; o Decreto n.º 7.031, de 6 de setembro de 1878, o qual prescrevia que só se podia matricular pessoas do sexo masculino, maiores de 14 anos livres ou libertos, saudáveis e vacinados. Nessa prescrição se excluíam as mulheres e os escravizados, o que tornava impossível executarem trabalhos de longas jornadas e terem o privilégio de aprender a ler e escrever; a reforma de 1911, que implantou a realização dos exames de admissão e a cobrança de taxas nas escolas, o que impossibilitou o ingresso de uma grande parcela da população, evidenciando o caráter elitista da educação.

De acordo com Silva e Silva (2017), no final da República Velha (1889-1930), o Brasil não possuía um sistema escolar constituído, um sistema de escolarização, e até 1930 foi instituída pelos padres jesuítas uma educação de elite, transformando-se num dos principais instrumentos para a elaboração das estruturas de poder colonial, e o título de Doutor possuía um valor análogo ao de uma propriedade de terra, o que garantia prestígio social e político. Nesses termos, a educação no período colonial [...] não visava a formação do povo, pois essa estratificação social não proporcionava tal intercâmbio. Pelo contrário, o povo foi excluído do sistema educacional dos jesuítas. "É importante considerar que a cultura de elite criada pelos padres jesuítas era artificial e universalista em sua essência, servindo como patamar de ascensão social" (Silva; Silva, 2017, p. 33).

Os autores declaram ainda que, com a finalidade de afirmar-se como classe e garantir privilégios, a recém-formada classe média buscou a escolarização, a qual se fazia por intermédio de um currículo comum, oriundo do sistema educacional francês, sem nenhuma relação com a realidade brasileira.

Sobre as primeiras manifestações de resistência para a escolarização da população negra, Silva e Araújo (2005) dizem que se revelavam na formação de sociedades protetoras, irmandades religiosas e associações culturais, onde os negros aprendiam a ler, escrever e calcular; isso foi possível graças a alguns ex-escravizados "amparados" por seus "senhores", que foram favorecidos com a educação escolar formal; outra hipótese seria o acesso à educação "informal", por meio da "observação silenciosa" das aulas das sinhás ou da instrução jesuítica. Os autores falam também da contratação de professores particulares ou encaminhamento de escravizados aos cursos profissionalizantes por parte dos seus senhores, que intentavam obter outras formas de lucro com eles. Afirmam ainda que as medidas relacionadas ao contexto socioeconômico serviram para o impedimento do acesso à educação dos negros e dos segmentos sociais menos favorecidos. Fazendo-se a releitura das reformas educacionais dos séculos 19 e 20, deduz-se que a população negra teve a presença sistematicamente negada, embora a "universalização" e o acesso "gratuito" à escola legitimassem uma "aparente" democratização; porém, na realidade, "foram negadas condições objetivas e materiais que facultassem ao negro recém-egresso do cativeiro e sua descendência um projeto educacional, seja este universal ou específico" (Silva; Araújo, 2005, p. 71). A respeito da exclusão do negro da educação, os autores ora aludidos enfatizam que: "Desta forma, tão difícil quanto viver numa sociedade escravocrata, era adquirir algum tipo de instrução, mesmo que está se referisse apenas às técnicas elementares da escrita e da leitura" (Silva; Araújo, 2005, p. 68).

Examinando a história da educação brasileira, Cruz (2005) aponta que até a segunda metade do século 19 na historiografia educacional do Brasil não existem registros de experimentos escolares em relação ao negro, e que a partir da década de 1960 há um aumento de participação no processo de escolarização, com a expansão de vagas na Rede Pública de Ensino. Essa expansão de vagas pode ser interpretada sob o aspecto da condução das consciências e a manipulação da massa popular pelas elites. Segundo Almeida e Sanchez (2016), a escola ora impediu ou dificultou o acesso de negros, para que as elites brancas e proprietárias pudessem usar a educação como ferramenta de ascensão e manutenção de poder e privilégios, ora estimulava sua presença nas instituições como estratégia de condução, manipulação, incutindo seus valores e cultura e assim se legitimando. Cruz (2005) indica que, mesmo sem registros oficiais, houve manifestações intelectuais nos anos iniciais da República, experiências escolares com indígenas e negros, como a educação nos quilombos, a implantação de escolas alternativas, manifestações culturais por intermédio das irmandades religiosas e a criação da imprensa negra, dos teatros amadores, dos clubes recreativos e associações culturais.

Assim, vale ressaltar a característica de uma educação eurocêntrica e hegemônica que negligência a realidade do educando, herança da educação colonial. A prática, segundo Macedo (2013), de tratar a história do negro sob a alienação de um passado acabado, concluso, colocando-o como legatário e simples repetidor desse passado pronto e contado sob a ótica hegemônica de um grupo branco dominante, põe o negro como elemento que sofre os fatos históricos de forma passiva, sem participação efetiva, meramente como objeto do processo histórico. Consequentemente, se não houve participação na construção histórica e apenas uma anuência, se o negro não contribuiu com a sociedade em que vive, deve aceitar essa sociedade estruturada por um grupo hegemônico e toda a teoria baseada em falsos princípios científicos que reforçam a invisibilidade, a exclusão e a não representatividade do negro.

Esse é um dos fatores responsáveis pela exclusão da classe trabalhadora, pobre do sistema educacional adotado pelo Brasil. Macedo (2013, p. 49) declara:

> [...] para nós, negras e negros, a possibilidade de desalienação da memória e de fuga desse lugar que nos foi reservado não é a abolição do passado e por consequência de tudo que nos constitui, mas uma reflexão que nos coloca em perspectiva, tanto em relação às possibilidades do nosso presente, quanto ao possível que nos promete o futuro, de acordo aos processos de mudança que sofre constantemente o passado.

Essa invisibilidade do negro é pilar da teoria eugênica e é um elemento das raízes excludente e elitista da educação; para deixar de ser invisível, é proposto ao negro "embranquecer", e, conforme D'Ávila (2006), o tema da eugenia marca a sociedade brasileira. Na educação, as primeiras ideias sobre o branqueamento da população chegam à metade do século 19 e passam a influenciar as políticas e as práticas das escolas públicas. Os projetos educacionais ancorados na teoria eugenista se firmam na década de 1920 e foram fator importante para a expansão da democracia racial que se tornou característica marcante da nação brasileira até o século 20 — e mesmo no presente século, surge de quando em vez em discursos e narrativas de cunho hegemônico.

Realizando uma correlação entre racismo e educação, Silva Jr. (2002) busca o entendimento do que é ser jovem negro num espaço branco — a escola pública —, analisa a discriminação nas escolas e declara que nos últimos 30 anos a educação brasileira sofreu reformas essenciais com a Lei n.º 5.692/1971, que traz a denominada democratização da educação, antes voltada para a formação da classe média branca; porém, os valores da educação dita democrática não mudam. O modelo educacional continua adotando os valores legitimados e impostos pela classe dominante, sem levar em consideração os princípios e culturas das demais classes sociais.

O autor critica os efeitos das mudanças do sistema educacional em ciclos feitas pela Lei n.º 9.394/96, que, considerando o aluno repetente dispendioso para o Estado, torna a promoção do aluno de forma automática, sendo essa promoção realizada sem nenhum critério ou avaliação ou mesmo acertos necessários para que ocorra a aprendizagem. É necessário considerar os critérios, as orientações curriculares da LDB/96, cuja proposta é "a abordagem de modo transversal da pluralidade cultural, tendo, dentre outras finalidades, proporcionar os saberes étnico-culturais brasileiros, identificar os atributos da própria cultura, enriquecendo a prática da cidadania, assim como rejeitar e denunciar todas as formas de discriminação em relação à raça/etnia, classe social, crença religiosa, orientação sexual e outros" (Silva Jr., 2002, p. 32).

Dentre outras estatísticas, traz a distorção idade/série, principalmente no Nordeste, como uma questão grave, chegando a 57,1%, o que segundo o autor dá a medida exata da incompetência do sistema educativo do Brasil. Esse atraso nos estudos tem se constituído como um dos fatores principais para a evasão escolar, pois o aluno permanece por muito mais tempo na escola, devido, muitas vezes, à repetência ou por sua relação intermitente com o processo escolar.

Outro aspecto abordado pelo autor são os programas especiais para jovens e adultos, com uma oferta de educação de baixa qualidade. Em suas palavras: "noção educativa parcial, concentrada, limitada e limitante" (Silva Jr., 2002, p. 58). Silva Jr. chama atenção ainda para os conteúdos, com a ausência do debate sobre os procedimentos responsáveis por esse público abandonar a escola, sobre as condições de vida e seu ingresso precoce no mercado de trabalho. Nesse sentido, declara que: "Grande parte dos alunos que chegam à escola de jovens e adultos quer apenas um 'diploma' que lhe conceda alguma vantagem no mercado de trabalho" (Silva Jr., 2002, p. 18).

O autor explica que as dificuldades no caminho até o "diploma" são muitas, pois eles enfrentam as péssimas condições de um trabalho exaustivo, pouco remunerado, o fato de estudar à noite após uma jornada de trabalho e uma educação de pouca qualidade, o que quase nada lhes acrescenta ao desejo de acessar o mercado de trabalho com dignidade e melhor remuneração, o que concorreria para a sua autonomia e de sua família. Nesse aspecto, por conta das barreiras mencionadas, eles entram e saem da escola várias vezes, interrompendo os estudos e, em muitos casos, não retornam à sala de aula (Silva Jr., 2002).

Reitera que estudos sobre a educação brasileira revelam que a discriminação racial se inicia na escola, visto que a trajetória de escolaridade se diferencia por raça/cor, a partir do acesso, passando pela permanência, até a conclusão escolar, "definidora de capacidade competitiva, num mercado de trabalho formal que demandava cada vez mais competências específicas e altamente desenvolvidas" (Silva Jr., 2002, p. 20). O autor ora citado ilustra a assertiva com dados do MEC – Ministério da Educação e Cultura, apontando que em 1992 a escolarização de crianças negras de 7 a 14 anos era 12% mais baixa do que a de crianças brancas na mesma faixa etária e que em 1999 esse índice reduziu para 4%; os dados dizem que entre os jovens a escolarização média de um(a) negro(a) com 25 anos correspondia a 6,1 anos de estudo, enquanto a de um(a) branco(a) era de 8,4 anos de estudo, concluindo que essa diferença para o jovem negro (a) pode ser prenunciadora de determinados lugares sociais marcados por baixos salários e que não possibilitam a mobilidade social.

Diante dos dados apresentados por Silva Jr., como exclusão escolar, repetência, aprovação automática sem considerar os critérios educacionais básicos, a distorção idade/série, dentre outros, retrata-se o perfil do(a) jovem negro(a) no Brasil, refletindo na exclusão, na marginalização, na falta de oportunidade, na discriminação e no acesso de forma vulnerável ao mercado de trabalho. Além da exclusão das crianças pobres na idade correta para adquirir competências e habilidades que lhes serão caras em todo o desenvolvimento escolar, o autor pondera sobre a responsabilização do fracasso escolar direcionada ao aluno como uma prática recorrente na educação brasileira, além de não se considerar o analfabetismo como resultado da situação econômica, o que configura um problema de definição social (Silva Jr., 2002).

Considerado como um espaço branco europeizado, Santana (2017) afiança que o espaço escolar não estimula o ato de aprender, enquanto o aluno se sente atraído por espaços fora da escola que são provocativos e encorajadores. A escola, portanto, torna-se um lugar enfadonho, "envelhecido" e não favorece a aprendizagem. É necessário, nesses termos, que a escola avalie novas maneiras de saberes, renove-se para se transformar numa atração para os jovens, seguindo o não determinismo e abrindo-se para outros modos de produzir conhecimentos; assim, teremos "[...] a reinvenção da escola como espaço de sentidos para o estudante [...] quando já se percebia a escola carente de invenção e defasada na construção de desejos" (Santana, 2017, p. 73).

Atualmente, com melhores condições de acesso à escola pública, percebe-se, no entanto, que as evasões escolares são mais acentuadas, ratificando o que a autora acima aludida declara: que os jovens não estão satisfeitos com o modo de transmissão e que as estratégias que a escola oferece para os jovens pobres ao acessarem o ensino público têm como alvo principal o mercado de trabalho. Nesse segmento, o jovem pobre planeja sua autonomia financeira e se decepciona com o processo educativo, que, ao se furtar a debater a realidade desse jovem, as relações e conflitos sociais, as condições de exclusão e de dominação, desvendando os mecanismos de sua opressão, o que beneficiaria a formação de uma identidade coletiva crítica e lhe daria subsídios para enfrentar essas condições de forma eficaz, reproduz o sistema excludente e coloca a culpa do seu eventual "fracasso" e desinteresse pelos estudos nos próprios estudantes pobres.

Como a escola não é atrativa, os jovens têm preferido os espaços da rua que lhes possibilitam a idealização de novas identidades coletivas, e, como alega Sposito (1992), esses espaços urbanos, formados pela amizade, irmandade, são produtos de diferentes relações sociais e passam a ser uma apropriação específica, não pertencendo nem ao mundo, nem à casa, sem refletir o movimento do espaço público.

Os muros da escola ruíram e as ruas são mais atrativas, pois nem a escola nem os professores perceberam que os estudantes que ali chegam trazem consigo suas histórias de vida, seus sonhos e desejos, suas experiências e perspectivas e querem construir sua autonomia; não são, pois, sujeitos sem vida, sem demandas ou necessidades, como o sistema educacional os vê. Como aponta Dayrell (2007), a práxis escolar tem uma proposta educacional de "massa", "homogeneizante", com espaços e tempos estabelecidos, e é uma educação disciplinadora, com a "formação moral" predominando sobre a "formação ética" e as identidades plurais. A escola deve repensar suas práticas e estratégias, já que os princípios empregados não são mais adequados para o contexto atual, marcado pela rapidez da comunicação.

Ressalta-se que esses grupos mantêm com a escola relações diferenciadas: uns possuem relações irregulares, descontinuadas, alguns permanecem estudando, e outros estão excluídos definitivamente. Nota-se, de um lado, a escola que considera os jovens como irresponsáveis e desinteressados pela educação; e de outro, os jovens que consideram a frequência à escola como caminho para conseguir um "diploma", visto que, segundo eles, a escola se tornou um espaço entediante, longe de seus interesses e que pouco vem acrescentando à sua formação. É necessário não se buscar culpados, sendo imprescindível assinalar as transformações na sociedade ocidental como causa que atinge os processos de socialização das novas gerações, o que afeta a construção social dos sujeitos (Dayrell, 2007).

O que pode parecer estranho é que a escola continua sendo referência relevante; os que estão frequentando-a regularmente continuam sonhando que ela forneça condições para sua autonomia, e os que estão fora dela pensam em um dia retornar.

Além de ser marcado por raízes elitistas, o que, conforme Pio (2014), traz dificuldades tanto ao acesso quanto à permanência, apesar da obrigatoriedade de uma educação básica e gratuita, constata-se que na faixa etária de 7 a 17 anos a educação brasileira ainda é alvo de diversos debates sobre e é responsável pela exclusão e evasão dos alunos oriundos da classe trabalhadora, o que revela sua origem excludente: "[...] a Constituição de 1824 restringia o acesso à escola formal somente aos cidadãos brasileiros. Pela legislação do Império, Lei Complementar de 1824, os negros não podiam frequentar a escola, pois eram considerados doentes de moléstias contagiosas [...]" (Silva; Silva, 2017, p. 38). Atualizando a fonte, dados do Mapa da Exclusão Escolar no Brasil (Unicef, 2021) mostram que, em Salvador, 40.705 pessoas, entre crianças, adolescentes e jovens, estão na exclusão escolar. Fazendo-se um recorte raça, gênero e classe: 86% são negros e 53,2% são do sexo masculino, oriundos de famílias nas quais os pais ou responsáveis apresentam 55,9% de ausência de instrução ou têm o ensino fundamental incompleto; apenas 26,6% possuem ensino médio completo ou superior; a renda média domiciliar é de até ½ salário mínimo para 64,5%, de ½ a 1 salário mínimo para 22,0% e mais de 1 salário mínimo para 13,1%.

De acordo com alguns autores, essa exclusão escolar pode ser acentuada pela Reforma do Ensino Médio, processo paralisado pelo advento da pandemia, e que muitos estados estão aguardando a aprovação dos seus currículos pelos Conselhos Estaduais de Educação. Pontuam também que essa reforma compactua com cortes orçamentários na educação e sinaliza para o ensino híbrido — ensino parte presencial e parte remota —, o que pode provocar um enorme prejuízo aos alunos das classes menos favorecidas; outro aspecto abordado por eles é que o novo ensino médio traz apenas duas disciplinas como obrigatórias — português e matemática —, tornando as demais disciplinas como optativas. Eles argumentam que a exclusão das ciências humanas trará um prejuízo enorme a esta geração, provocando disparidade entre os campos de conhecimentos; indicam que a formação técnica profissional deficitária proposta pela reforma poderá reforçar a desigualdade de oportunidades educacionais e que a proposta de uma educação em tempo integral pode levar à exclusão de uma grande parcela da população, de maioria pobre e negra, visto que esses ingressam mais cedo no mercado de trabalho para complementar a renda familiar.

3

LEI N.º 10.639/03, EDUCAÇÃO E DIVERSIDADE ÉTNICO-CULTURAL: RUMO A UMA EDUCAÇÃO CIDADÃ

> *A Lei se configura como uma conquista para o negro brasileiro e avança na direção da construção cotidiana de novas relações sociais.*
>
> *(Rocha, p. 106, 2006)*

Na perspectiva de uma prática educacional mais democrática e emancipatória, após a Conferência de Durban, em 1995 o Brasil declara a existência do racismo. O racismo no Brasil é intrínseco à estrutura social e está institucionalizado, penetrando em todas as esferas da vida social. Como fruto das reivindicações do movimento negro em 1997, foram aprovados os Parâmetros Curriculares Nacionais para o Ensino Fundamental I e, no ano seguinte, 1998, para o Ensino Fundamental II. Esses parâmetros ainda traziam os fundamentos de uma educação para as relações raciais, como tema transversal, não incorporado aos conteúdos obrigatórios, o que continuava legitimando os conteúdos do saber hegemônico e a cultura dominante. Finalmente, é sancionada, em 2003, a Lei Federal n.º 10.639/03, modificada pela Lei n.º 11.645/08, que instituiu a obrigatoriedade do ensino da História e Cultura Afro-Brasileira, Africana e Indígena em todas as escolas públicas e privadas brasileiras, considerada um marco histórico, demonstrando que o racismo ainda persiste no âmbito escolar e com ele a naturalização de práticas discriminatórias e preconceituosas. A Lei em questão traz uma proposta de ajuste nas políticas curriculares, com foco na diversidade cultural, social, racial e econômica da sociedade brasileira.

A Lei n.º 10.639/03, alterada pela Lei n.º 11.645/08, tendo por objetivo assegurar o reconhecimento e valorização da identidade negra e indígena, no intuito de identificar e superar as manifestações de racismo, preconceito e discriminações, deve priorizar um currículo que atenda a essas demandas, não apenas um currículo conteudista, mas que direcione para o debate do empoderamento desses grupos que historicamente foram excluídos. Após 20 anos de criada, a efetivação da Lei e sua aplicabilidade encontra-se em descaminhos, por conta de diversos fatores que dificultam a sua plena aplicação. O comprometimento de todos os envolvidos — profissionais da educação, gestores e administradores em todos os níveis — é fundamental para a superação de todas as dificuldades e para tirar a Lei do papel, com o objetivo de enfrentar o racismo e suas mazelas, dirimindo as relações conflituosas, para o bem de toda a sociedade.

Ao negligenciar o ensino de conteúdos relacionados à história da população negra e às contribuições do continente africano para o progresso da humanidade, além de reforçar estereótipos prejudiciais, as escolas desempenham um papel significativo na consolidação de uma ideologia de dominação étnico-racial.

Nesse processo, Silva e Silva (2017) ressaltam a importância do papel dos professores na eliminação e enfrentamento à discriminação e na construção de uma prática pedagógica emancipatória para os grupos discriminados; trazer, então, para o espaço escolar o debate da diversidade, sem folclorização da figura do negro e/ou do indígena, abordando conteúdos e conhecimentos que proporcionem uma racionalidade crítica e com autonomia, propicia o debate acerca do sistema de privilégios e as desigualdades sociais, bem como essa dialética afeta a condição social e econômica dos grupos discriminados.

No entendimento de Santos e Machado (2007), a Lei n.º 10.639/03, fruto do processo reivindicatório dos movimentos sociais, intensificados nas últimas décadas do século 20, tem foco no processo de identificação construído simbolicamente nas políticas curriculares, nas opções individuais e no consciente coletivo dos grupos sociais; a Lei estimula a discussão sobre a diversidade e a desigualdade racial, questiona as representações sociais, religiosas, políticas de todo um imaginário social precarizado, bem como repensa os paradigmas que envolvem a história, resistência e contribuição do povo negro africano na história do Brasil. É válido ressaltar que é a partir desses debates que se joga luz à desmitificação da democracia racial, com a reafirmação da existência do racismo e da discriminação racial e se fortalecem as discussões sobre a "teorização de raça" como construção social, pois ela continua sendo utilizada como categoria central na formulação de políticas públicas educacionais, além do enfrentamento na construção de identidades embasadas numa ideologia hegemônica, edificada com a finalidade de manter e reproduzir as diferenças e privilégios. Por isso no Brasil "[...] a exclusão social de que os negros são as principais vítimas deriva, sobretudo, da má distribuição de recursos públicos, principalmente, no âmbito da educação" (Santos; Machado, 2007, p. 99).

Considerando o movimento negro brasileiro como um movimento educador, Gomes (2017) afirma ter sido o movimento negro um compilador de conhecimentos sobre a questão racial no Brasil, e que esses saberes compuseram um intenso processo reivindicatório, do qual várias demandas se constituíram políticas públicas de Estado nas duas primeiras décadas do século 21. Segundo a autora, os movimentos sociais no Brasil são geradores e encadeadores de saberes produzidos por grupos não hegemônicos e contra-hegemônicos e que operam como pedagogos nas relações políticas e sociais, elaborando conhecimentos emancipatórios, essencialmente nas áreas da Sociologia, Antropologia e Educação.

Assim, partindo do princípio de que a educação é elemento primacial no enfrentamento ao racismo e a todas as formas de opressão, a escola se transforma num lugar fundamental para o debate e para promover estratégias e ações que contribuam para a compreensão da diversidade e meios para a superação das discriminações. A escola tem que repensar as relações raciais em seu espaço e fora dele, analisar como as desigualdades sociais interferem na vida dos que pertencem aos grupos historicamente excluídos e que a prática escolar formada de elementos e princípios colonizadores contribui para o denominado "fracasso escolar" desses alunos, e não o desempenho individual desses estudantes, como a escola reforça.

Ao adotar uma abordagem antirracista, as instituições educacionais assumem o compromisso de criar um ambiente onde todos os estudantes tenham igualdade de oportunidades e sejam valorizados por sua singularidade. É um passo crucial na luta contra o racismo e na construção de uma sociedade mais justa e inclusiva para todos.

4

A NECROEDUCAÇÃO E A PRÁTICA DO RACISMO

> A educação é fator primordial no combate ao racismo e à discriminação. E com essa perspectiva, a escola se apresenta como um espaço vital para a discussão do racismo e para potencializar ações que visem à conscientização sobre a igualdade...
>
> *(Aguiar, p. 52, 2011)*

Com o propósito de fazer uma reflexão sobre os impactos da prática necroeducacional na vida da população negra estudantil, trago alguns recortes da pesquisa de campo que elaboramos em duas unidades escolares da rede pública em Salvador, em 2020. Essas unidades atendiam jovens na faixa etária entre 15 e 29 anos, estudantes do EJA – Educação para Jovens e Adultos. Eram duas escolas situadas na periferia onde se concentra uma grande parcela da população negra. A pesquisa foi realizada por meio de um questionário/entrevista, respondida por docentes, funcionários e gestores dessas unidades, com o objetivo de ponderar, mediante discursos e práticas dos docentes, como as políticas de enfrentamento ao racismo vêm sendo trabalhadas no ambiente escolar e se as práticas pedagógicas marcadas por elementos colonizantes da prática necroeducacional são de alguma forma responsáveis pela exclusão do(a) jovem negro(a) periférico(a). Aliado ao resultado da pesquisa, relato também um pouco da minha vivência como docente negra, periférica, pobre, na escola pública em Salvador.

A pesquisa foi elaborada defendendo que as práticas pedagógicas propostas pela Educação Equitária Antirracista podem favorecer o enfrentamento do racismo, bem como proporcionar a emancipação do(a) jovem negro(a), ao contrário da prática necroescolar, que está a serviço do grupo dominante e é usada como instrumento de acumulação de riquezas para a permanência nos espaços de poder e perpetuação de privilégios, conseguidos pela exploração e subsunção dos grupos subalternos, sustentadas pela teoria da reprodução dos papéis sociais e similitude nas relações raciais.

Cheguei à sala de aula pela primeira vez em 1976, trazendo uma formação de curso de Magistério, imbuído da ideologia da falsa "democracia étnica", pensando que sabia tudo, aprendi — digo isso com pesar — "deformando" as primeiras classes em que lecionei, pois na minha formação como professora, a escola nunca se preocupou em nos preparar para lidar com a diversidade que nos esperava; ao contrário, ignorava os conflitos raciais ou os escondia debaixo do tapete, com discursos, que no princípio acreditava piamente que o esforço pessoal era tudo e estava em nossas mãos alcançar os planos e sonhos traçados.

Como nas diversas facetas das relações do Brasil, o racismo na escola apresenta-se de forma velada, ainda envolto no mito da democracia racial, a tal ponto de quem combate essa prática serem, geralmente, vistos como "problemáticos", ou mesmo como racistas, inclusive por seus próprios iguais (J. M. S – Docente) (Pesquisa de Campo, 2020).

É preciso salientar, aqui, a relevância da desconstrução do mito da igualdade racial, pois, segundo Nascimento (1978), ele é vital para o surgimento de novos modelos educacionais que favoreçam o desenvolvimento e a emancipação dos povos negros e de sua cultura.

A prática da necroeducação conduz uma formação tão perversa quanto o racismo e, segundo Oliveira e Nascimento (2021), não ficou fora dos muros da escola, está presente não somente nas relações entre os sujeitos, mas no próprio currículo, e nos leva a crer que depende apenas dos nossos esforços a superação da opressão e da desigualdade, e, como professora negra, não compreendia como o sistema funcionava, sendo eu mesma um produto dessa prática necroeducacional, por isso muitas vezes coloquei a culpa em mim como profissional ou nos estudantes pelo "fracasso" escolar ao qual eram submetidos. Veja um depoimento de um docente em uma das unidades na pesquisa de 2020:

> *Sempre que possível, faço relatos de histórias relevantes de personalidades negras que conseguiram destaque na sociedade como forma de estimular nossos alunos a também conseguir* (S. P. – Docente).

Esse depoimento é uma prova de que ainda se crê no esforço pessoal para superar a desigualdade. Ainda que o aluno pobre, preto e periférico ouça milhares de exemplos de um personagem que se destacou, se a escola não promover o debate para o reconhecimento dos mecanismos de opressão e subalternidade, como eles vão superar as diferenças provocadas pelo racismo? E como vão conseguir sua emancipação?

Uma vez na faculdade, continuei sem refletir sobre a minha situação de jovem negra, pobre, periférica, que teve que contar com ajuda sacrificada do pai para cursar uma faculdade particular, visto que na rede pública era impossível minha permanência pelos horários diferenciados, e tinha que trabalhar, mais uma vez fica evidenciada a exclusão da classe pobre trabalhadora na educação e que o curso superior gratuito antes das leis das cotas e outras ações afirmativas não favoreciam o ingresso e permanência do jovem negro e pobre nas universidades públicas.

Durante o período da faculdade, a preocupação era terminar o curso e trabalhar, o que fez com que eu minimizasse os conflitos e as relações raciais desse ambiente, vivendo em outra realidade e tendo que enfrentar as dificuldades da sobrevivência.

Sem refletir sobre o tipo de educação a que fui submetida, que se caracterizava por falsos conceitos, inclusive sobre o grupo ao qual pertencia, e que agora posso fazer essa relação, lembro-me de um dos embates que tive na escola, no ensino fundamental, quando tinha 11 anos. No evento dos festejos juninos, a professora da classe, uma mulher branca, loira, de meia idade, que não escondia suas preferências e certamente eu não estava em sua relação, apesar de quando em vez elogiar meu esforço, minha inteligência, como um bônus, resolveu que os alunos deveriam vender umas cartelas para colaborar na festa, e a recompensa era que quem vendesse mais bilhetes seria coroada a rainha do milho. Ora, como criança competitiva, esperava a recompensa. Vendi mais bilhetes que todas as outras meninas, e em segundo lugar nas vendas ficou outra menina negra como eu. Éramos amigas e vizinhas. No dia da "apuração", mesmo sendo a vencedora das vendas, o título ficou com uma colega, naturalmente branca, loira assim como a professora da classe. Nesse dia fizemos uma verdadeira revolta na sala, e como havia outras meninas pretas e que moravam na mesma comunidade, resolvemos nos unir. O fato tomou proporções até violentas, pois resolvemos esperar na portada escola a colega escolhida, já que não podíamos "esperar" a professora. Por fim, fui suspensa e levei uma surra da minha mãe, que não admitia tal falta de educação. É um bom exemplo da prática da necroeducação, porque a partir dali percebemos que não podíamos ser rainhas do milho, ou melhor, não podíamos ser rainhas nem princesas. Esse pseudoconceito sobre nós, meninas e mulheres pretas da comunidade, levou-nos a pensar que nossa cor não servia para sonhar, para vencer, e mesmo vencendo não levaríamos a coroa. Teríamos que nos conformar e aceitar o racismo e a posição em que a prática daquela educação cruel nos colocava. Daí em diante apenas aceitei a realidade apresentada pela escola. Conforme Silva Jr. (2002), a criança aprende a aceitar o racismo e a discriminação, pois nesse tipo de educação colonial "vai se educando a criança negra a suportar o racismo e a discriminação, como se fossem realidades imutáveis, com as quais se deva aprender a conviver" (Silva Jr., 2002, p. 52).

    Na prática da necroeducação caracterizada pela transmissão de conteúdo sem vínculo com a realidade e memorização automática, o que provoca um empobrecimento nos currículos escolares e fortalece a cultura do silenciamento, na ocasião funcionou eficazmente e naquele momento não conseguia interpretar as enormes desigualdades sociais produzidas pela escola, conforme salienta Silva (1999, p. 37):

> Não se pode pensar o campo educacional apenas como trampolim de uma sociedade meritocrática, marcada pela profunda desigualdade, como espaço de transmissão do conhecimento sistematizado, socializando conteúdos a todos indistintamente como se essa pretensa "equalização pedagógica" pudesse atenuar essas desigualdades sociais.

Após a formatura, licenciatura em História, o paradoxal é que éramos historiadores que contavam apenas a história sob o prisma do colonizador branco e repetíamos a folclorização sobre os negros, sobre os indígenas, sobre os ciganos e outros grupos. Como exemplo, uma das primeiras desconstruções que fiz sobre a história do povo indígena foi rememorando as "lendas" contadas por minha avó materna, oriunda de uma remanescente indígena no interior da Bahia. Ela contava do trabalho duro para sobreviver, suas lutas, ou seja, dos pais dela, e passei a refletir sobre a temática presumida de que ouvíamos sobre a preguiça indígena. Eles eram preguiçosos ou simplesmente se recusaram a ser escravizados pelos colonizadores? Ao entrar na sala de aula, depois de enfrentar um concurso público, casada, com duas filhas, continuava pobre e morando na mesma periferia; caí na real: o salário que recebia mal dava para chegar até o final do mês. Despertei, enfim, e resolvi prestar atenção à minha volta, constatando que nada mudou na minha vida até então, e passei a analisar as desigualdades raciais por outra perspectiva, questionando tudo que "sabia" até então e buscando entre meus alunos os aliados para entender os questionamentos, feitos agora também por eles, que só precisavam de que alguém levantasse essas e qualquer dúvida sobre nossa ancestralidade, costume, história.

Sobre essa falta de emancipação da pessoa negra, o papel da escola é perenizar o status quo da classe dominante. Cury (2000) ressalta que a educação dissimula as relações sociais e se torna um meio que a classe dominante utiliza para explorar, acumular riquezas, permanecer no poder e manter seus privilégios, por meio da "condução das consciências" (Cury, 2000, p. 65), transformando-se em instrumento de opressão a serviço do grupo dominante. Reforçando esse argumento, Cury (2000, p. 65) escreve:

> [...] a educação torna-se instrumento de uma política de acumulação, que se serve do caráter educativo propriamente dito (condução das consciências) para camuflar as relações sociais que estão na base da acumulação. Esse movimento de dar aparência ao que é diviso ganha sentido quando incorporado pelos agentes, frente ao que se pretende ocultar e perenizar; o processo de acumulação sustentado por relações sociais de exploração.

Ao tratar da relação entre educação e relações raciais, não se pode olvidar da questão de classe, pois, segundo Silva (1999), o modelo econômico produz a pobreza e estimula o mercado de trabalho que se revela conflitante com a escolarização, visto que o ensino da escola é ineficaz e não estimula a permanência do aluno em seu espaço. Como efeito, essa parcela da população passa a se ocupar do trabalho informal, das chamadas profissões precárias, caracterizadas por subcontratações e pela efemeridade, desprovidas dos direitos legais que amparam o trabalhador no Brasil — essa era minha condição: por mais que me esforçasse, não dependia de mim romper com o ciclo da pobreza, isso porque:

> [...] o conhecimento que a escola oferece aos alunos se reduz a um amontoado de informações "pré-fabricadas", feitas para moldar o edifício teórico que afasta e amedronta os alunos, que não faz sentido para esses jovens alunos, obrigados, na maioria das vezes, a enfrentar uma dupla jornada entre a escola e o trabalho, cabendo ao professor transmiti-las e aos alunos memorizá-las (Silva, 1999, p. 94).

Então, mudei meu posicionamento, aliei-me aos alunos e, por incrível que pareça, tornei-me cada vez mais rigorosa com eles para aprenderem como o sistema funciona e lhes dizia que somente conhecendo as regras do jogo o jogador pode virar a mesa; e aqui vale refletir sobre o que Bagno (1999) escreve analisando a questão da linguagem, quando diz que o domínio da variedade linguística padrão, e com complementação nossa, dos conhecimentos, saberes e técnicas que o ensino formal oferece, não garante ao indivíduo pertencente à classe dominada os privilégios conferidos à classe dominante. É necessário, pois, assegurar o acesso aos bens culturais, à saúde, à habitação, ao transporte de qualidade, ao mercado de trabalho para a promoção de sua autonomia.

Enfim, as condições de uma vida digna para um cidadão que possui todos os seus direitos garantidos, o autor exemplifica afirmando que mesmo que a mulher negra, incluindo aqui todos os negros, apodere-se completamente das formas privilegiadas de falar e de escrever, continuará tendo oportunidades infinitamente menores de ascensão social do que qualquer homem ou mulher branca, mesmo que eles não dominem tão bem assim a "língua culta" (Bagno, 1999, p. 92).

Assim, preocupava-me que aqueles meninos e meninas negras fossem enganados como fui, e sempre os despertava para a cruel realidade que os esperava; eles podiam, sim, mudar "sua sorte", "seu destino" e "sua história", serem rainhas, princesas, reis e príncipes. Era possível, só tinham que aprender a jogar. Uma das regras do jogo como professora foi fugir da inflexibilidade dos conteúdos e buscar a relação desses com a vivência dos alunos. Vivi quase 30 anos na carreira docente problematizando, levando-os a refletir acerca de tudo ao seu redor, tramando com eles como escapar do ciclo de violência, que poderiam lutar contra a violação de seus direitos; penso hoje, aposentada já há algum tempo, que junto deles construí ferramentas que puderam usar para pelo menos entender que não devem aceitar passivamente as manifestações de racismo e de que a culpa pela opressão e pela pobreza não é do oprimido, mas de uma sociedade estruturada na qual as pessoas negras são discriminadas e excluídas todos os dias no ambiente da escola, que deveria ser um espaço de acolhimento para todos e de mediação de conflitos da diversidade.

> [...] no ambiente escolar, percebemos essas práticas na linguagem, muitas vezes pejorativas, empregada para se referir às pessoas com traços negroide; ao trato com as questões do corpo, especialmente da mulher negra; as diferenças no tratamento dados ás pessoas de pele negra em comparação com as pessoas de pele branca, dentre outras circunstâncias (I.B. – Docente – Pesquisa de campo/2020).

Por isso é imprescindível reconhecer a importância da função social da escola e do professor como problematizador e nunca se conformar com o senso comum, com o que está posto; sabemos que para provocar uma transformação significativa nos currículos, nas práticas e nas relações sociais no âmbito educacional, faz-se necessária uma transformação estrutural sócio-histórica, aliada à formação de docentes, a qual, conforme Nunes, Santana e Franco (2021), leve em conta as epistemologias negras como elemento essencial na construção de uma educação antirracista.

Contudo, mesmo sem uma revolução propriamente dita, é possível questionar o modelo epistemológico adotado pela educação para que se possa impulsionar uma (re)interpretação da história e da cosmovisão eurocêntrica hegemônica, provocando um caminho dialético entre os diferentes grupos étnico-raciais. É também com esse intuito de ampliar esse debate que escrevo e anseio despertar no leitor e leitora essa força que busca a reversão de todas as formas de discriminação.

É primordial lembrar, sempre, a relevância do papel da escola nas relações raciais. Nessa esfera, as autoras Silva e Silva (2017, p. 53) escrevem:

> Daí a importância da escola, por ser nesse ambiente que as relações vão sendo estruturadas e amadurecidas, visto ser um espaço próprio para a socialização no qual se vivenciam significativas experiências de relações interpessoais, que

podem deixar marcas profundas nas histórias devida das pessoas, cujos reflexos poderão causar danos emocionais, tais como baixa autoestima e ausência de reconhecimento de capacidade pessoal, além de dificuldades no estabelecimento das relações interpessoais.

Fazendo uma correlação entre a necropolítica e a necroeducação no tocante ao aniquilamento do sujeito negro, pode-se afirmar que na necropolítica há uma determinação na eliminação do corpo material; o corpo negro é o alvo na necroeducação, e a eliminação, a princípio, mostra-se sutil, pois a arma utilizada é invisível, difícil de ser reconhecida, é como uma névoa contendo gás mortal, que sufoca, asfixia, aniquila e é direcionada ao grupo considerado desprestigiado, pobre, favelado.

Nas respostas do questionário da pesquisa de campo de 2020, sobre o racismo no ambiente escolar, a maioria dos informantes não teve dificuldade em perceber a presença do racismo na escola, pois, mesmo camuflado, ele é perceptível, já que se encontra na origem do Estado brasileiro, que tem alicerce burguês e capitalista, e se instala sob a opressão da classe subalternizada, em sua maioria negra, fundada numa visão estereotipada e preconceituosa.

> *[...] o racismo no ambiente escolar é dissimulado, passa uma falsa impressão de que as lutas por espaços na sociedade capitalista podem ser acessadas a qualquer momento da vida* (A. L. M. – Docente) (Pesquisa de campo-2020).

A finalidade, nesse âmbito, também é a morte cultural, emocional, a exclusão, a marginalidade, a vulnerabilidade que pode levar à morte física — essa necroeducação deforma a identidade do indivíduo negro, estereotipa sua cultura e sua estética, despreza e desvaloriza sua história, considera sua origem vergonhosa e criminaliza seu espaço de moradia, empurrando-o cada vez mais para a marginalidade, a pobreza, a exclusão e, por fim, para a falta do ar, e sem conseguir respirar o caminho é a morte.

A necroeducação se caracteriza como um projeto que fortalece a subalternidade, pois em sua prática o aprendente reconhece que os lugares de prestígio já estão ocupados e os papéis sociais já estão preestabelecidos. Lembrando a experiência narrada anteriormente, o trono da rainha do milho já tinha representante legitimada pela cor da pele.

Essa prática escolar leva à morte de planos e sonhos de liberdade e autonomia, de mobilidade social e econômica. Pode-se afirmar que essa função desenvolvida pela escola para manter o privilégio e o poder de um determinado grupo é um dos componentes, talvez o mais importante, no denominado sistema de extermínio dos grupos historicamente excluídos.

A prática educacional referida, vigente nas escolas públicas, que não dialoga com a realidade do educando e desconsidera a questão da diversidade, compromete a emancipação desses educandos, fortalecendo a invisibilidade e o silenciamento desses grupos subalternos, visto que, segundo Mészaros (2008), como participantes de uma instituição formal de educação, os alunos são "introduzidos a uma aceitação ativa (ou mais ou menos resignada) dos princípios reprodutivos orientadores dominantes, adequados à sua posição na ordem social, e de acordo com as tarefas reprodutoras que lhes foram atribuídas" (Mészaros, 2008, p. 44).

Corroborando a afirmação acima, a pesquisa de campo de 2020 mostrou que a prática do racismo se apresenta no ambiente escolar de forma embuçada na linguagem, brincadeiras, olhares, muitas vezes de difícil assimilação por aquele que sofre o crime. Identificamos também que para alguns docentes não há muito que fazer, visto que é de conhecimento geral que "O racismo se encontra em todo lugar, sabemos que o mundo sempre foi desigual" (S. P. – Docente).

Esse conformismo é próprio de uma pedagogia colonizadora, em que os "lugares sociais" privilegiados já se encontram ocupados por sucessores da hierarquia eurocêntrica dominante, e já não há espaço social a ser preenchido. Cabe, então, àqueles que não herdaram a herança branca colonial resignar-se ao seu lugar reservado, lugar de subalternidade e submissão.

É necessário romper com a cultura do silêncio, na qual Souza (1987) afirma que os indivíduos dominados perdem os meios de responder de forma crítica ao conhecimento que lhes é imposto pela cultura dominante, o que impede o seu empoderamento e oportunidades para competir com mais igualdade no mundo do trabalho e em outros aspectos da vida social.

5

A EDUCAÇÃO E A INTERFERÊNCIA DO SISTEMA ECONÔMICO CAPITALISTA: AS DESIGUALDADES EDUCACIONAIS

> *[...] a educação não passaria de um mecanismo que ajusta os indivíduos à ordem social vigente, pela transmissão de um saber definido pelo poder político estabelecido.*
>
> *(Cury, p. 11, 2000)*

Assim, para melhor compreender a relação entre a prática da educação colonial e o aprofundamento das desigualdades sociais, propomos a seguir uma breve análise da origem do sistema econômico capitalista adotado no Brasil e sua interferência na educação.

Inicialmente apresentamos um conceito de capitalismo que, de acordo com Cury (2000), é um sistema de relações sociais que, ao emancipar o servo tornando-o um trabalhador livre, socializou o trabalho, impulsionou o desenvolvimento industrial, demandou novas habilidades dentro das fábricas e expandiu-se por meio da divisão internacional do trabalho.

É crucial destacar o papel primordial da educação na consolidação do sistema capitalista, no progresso econômico e na expansão da indústria. Sob a égide do pensamento liberal, a educação pública é encarada como uma poderosa ferramenta para a mobilidade social, priorizando especialmente a formação profissional. Entretanto, na prática, a maioria da população, majoritariamente de baixa renda, não teve suas necessidades atendidas. Ao contrário, foi subjugada pelo capitalismo desenfreado, cujo principal objetivo era a acumulação de riquezas e o enriquecimento de uma elite detentora do capital. Os trabalhadores eram explorados, oferecendo sua mão de obra por salários-mínimos, enquanto a formação profissional servia apenas para alimentar uma reserva de trabalhadores disponíveis, com remunerações cada vez mais baixas. Isso se fundamentava em um dos pilares do capitalismo, a lei da oferta e da demanda, na qual a oferta de mão de obra superava a demanda, resultando na desvalorização dos serviços profissionais.

Além disso, é importante ressaltar que, nesse contexto, a educação se torna um instrumento a serviço da classe burguesa, do poder e do capital. Enquanto as classes dominantes mantiveram e ampliaram seus privilégios, e as camadas médias conquistaram alguns benefícios, negociando e formando alianças, os estratos populares obtiveram poucos avanços em diversos aspectos: econômico, social, cultural e educacional.

De acordo com Silva e Silva (2017), a economia brasileira, marcada pelo escravismo e mercantilismo, formou-se como parte do processo de acúmulo de riquezas, o qual é causa eminente no desenvolvimento do sistema capitalista no mundo. Silva e Silva (2017) defendem, ainda, que o processo escravista nas Américas, a partir do século 16, foi imposto pela teoria da superioridade da raça branca europeia sobre as demais, tendo como alvo a população negra africana, justificada por uma superioridade biológica, legitimada pelo Estado burguês e amparada na noção de "desigualdades inatas", ideia oriunda da transferência da teoria de Darwin para a humanidade, em que a cor da pele e os caracteres físicos determinavam os aspectos cognitivos e psicológicos do ser humano. Essa ideologia traz o homem branco europeu como modelo de civilidade, cultura e valores ao qual caberia "salvar" as demais sociedades, justificando, assim, de forma quase divina, o domínio colonial.

A respeito da influência da economia política europeia e norte-americana, Castelo (1980) afirma que foram decisivas nas relações de produção e no estilo de vida atitudes e modelos literários, e que a cultura e as civilizações denominadas de latino-americanas são submetidas a elementos da cultura europeia, em especial no campo da Educação, e as influências de ordens religiosas, com destaque para a Ordem Jesuítica da Companhia de Jesus, e essa formação econômica e cultural vai determinar a consciência, inclusive daqueles que defendiam a ideologia nacionalista, buscando uma identidade nacional. Castelo (1980) prossegue alegando que com a extinção do trabalho escravo, por pressão comercial dos países europeus, especialmente a Inglaterra, vamos encontrar o contingente de africanos e afrodescendentes que foram escravizados, agora libertos, o que vem a gerar tensões no modo de produção capitalista brasileiro de caráter agroindustrial.

No século 19, a construção da nação brasileira segue um projeto burguês, capitalista, que se instala e consolida em um contexto de opressão, segundo Freire (1978), estabelecendo a invisibilidade de uma vida digna e o silenciamento da classe trabalhadora, em sua maioria constituída de negros, com a predominância de uma visão estereotipada e preconceituosa, e, sobretudo, aliada ao desenvolvimento do sentimento nacionalista.

Acerca da concepção de nação, Achugar (2006) declara que, enquanto sonho, foi pensado pelas narrativas de quem tinha o poder de relatar e ser ouvido; não é qualquer um que tem o poder de ser ouvido, pois há uma audiência, um público que escuta e para o qual se impõe a narrativa do sonho, daí o autor afirmar que a narrativa e a escuta estão imbricadas com o poder, e o poder era da burguesia, e seu sonho nacionalista predominava. O autor relata ainda que é o poder de transmissão, o poder de memória que legitima o discurso. Escrever a história é reafirmar a memória, é legitimar uma ordem social, e quem o faz tem o poder de ser ouvido. A história traz a ideologia da nação, da cultura nacional e da identidade nacional, e essa produção histórica no Brasil transmitida na educação é o legado da classe dominante, que teve o poder para sonhar e impor suas narrativas.

Nesse sentido, o autor assevera que a transmissão da memória promove um ato de silenciamento, esquecimento ou ocultamento da memória dos demais grupos; é importante lembrar que o silenciamento e o ocultamento são traços marcantes da prática educacional tradicional, colonizadora, aqui denominada de necroeducação, que reforça as representações negativas do negro, presentes até hoje no senso comum da sociedade.

Ainda segundo Achugar (2006), à nação concernem sucessivas atualizações, pois não é um projeto acabado, pronto, estando passivo de diversas interpretações e reinterpretações, ou seja, não há um só relato, uma só narrativa, há inúmeras, mesmo que apenas uma se sobreponha às demais, e é nesse contexto que ocorre a evolução histórica como resultado da luta de classes, em que, segundo Ponce (2000, p. 169), ficou demonstrado que "[...] a educação é o processo mediante o qual as classes dominantes preparam na mentalidade e na conduta das crianças as condições fundamentais de sua própria existência". Sobre a luta de classes, Freire (1978) afirma que a violência dos opressores os faz também desumanizados e que essa relação de opressão de classe coloca uma tarefa para os oprimidos, que consiste em libertar a si mesmo e aos seus opressores.

Essa violência que se expressa em condutas racistas, homofóbicas, nazistas, fascistas, discriminatórias em todos os sentidos nos impõe a refletir sobre uma educação contra hegemônica revolucionária, como propõe Souza (1987), uma educação revolucionária, antirracista, com paradigmas de uma educação libertadora, emancipatória, que se ancora no enfrentamento, na desconstrução de todas as formas de opressão e submissão.

Sob essa perspectiva, Mészaros (2008) faz a analogia de uma educação colonizadora, opressora e uma educação para além do capital, isto é, emancipadora; o autor assume que a principal característica da educação sob a égide do capital é que ela é encarada como um negócio — a meta principal é preparar mão de obra para o mercado de trabalho. Nesse aspecto, a educação é uma mercadoria lucrativa. Mészaros (2008) propõe uma educação que prepare o indivíduo para a vida como um todo, e não apenas para o mercado de trabalho. Ele argumenta que a educação deve promover a autonomia e expandir seu papel além dos limites da escola, contribuindo para a construção de um mundo mais justo e igualitário. A educação deve ser orientada pelo respeito ao ser humano e ser capaz de promover mudanças essenciais nas esferas política, econômica, cultural e social, ajudando a superar as dificuldades da realidade em que o indivíduo está inserido.

Portanto, Mészaros (2008) defende uma educação continuada, permanente, com uma prática que favoreça, por meio do trabalho em sala de aula, as modificações essenciais para a organização de uma sociedade na qual o capital não oprima o homem, visto que as classes dominantes estabelecem uma educação voltada para o trabalho subordinador, para manter o indivíduo subjugado; defende, ainda, uma educação aliada à luta por uma mudança definitiva no modelo econômico e político atual. Essa educação que não se restringe à transmissão de conhecimentos, mas está atenta à percepção da vida, no reconhecimento de um mundo com diversas possibilidades e que pode favorecer a emancipação do sujeito — é o que o autor propõe para uma educação além do capital, que por ora denominamos de Educação Equitária Antirracista. Essa prática Educacional Antirracista se difere da prática de uma educação mercantilista nos moldes neoliberais, que têm preço e onde os espaços educacionais funcionam na lógica do mercado capitalista, baseado no lucro e no consumo, característica que dificulta a autonomia do indivíduo; esse fato pode explicar o declínio da educação pública e ao mesmo tempo o fortalecimento da educação privada, em que a educação passa a ser considerada lucro e consumo, e onde há o desvio da educação para as mídias publicitárias.

O processo de interdição dos negros na educação institucionalizada no Brasil pode ser constatado nas primeiras manifestações da educação pública no período imperial. De acordo com Cruz (2005, p. 29):

> Os mecanismos do Estado brasileiro que impediram o acesso à instrução pública dos negros durante o Império deu-se a nível legislativo, quando se proibiu o escravo, e em alguns casos o próprio negro liberto, de frequentar a escola pública, e em nível

prático quando, mesmo garantindo o direito dos livres de estudar não houve condições materiais para a realização plena do direito.

Com a República se configura uma nova ordem econômica, e nessa conjuntura política social não se elaborou uma política que favorecesse a integração social dos ex-escravizados; ao contrário, eles foram colocados em desvantagens para disputar melhores condições de vida e de trabalho. Cruz (2005) atesta que essa nova ordem econômica, além de não absorver a mão de obra dos negros, promoveu a imigração estrangeira branca, deixando os negros fora do processo produtivo, vindo como consequências às desigualdades que perduram até hoje.

De fato, é uma caminhada repleta de obstáculos cada vez maiores, contra o sistema e contra uma educação que privilegia apenas um tipo de conhecimento, uma linguagem (a culta) e uma cultura pertencente a determinado grupo. Assim, além de fazer o enfrentamento a afirmações sobre sua incapacidade para o sucesso escolar, quando não se encaixa nesse tipo de educação excludente e linear, há os estereótipos no que tange à população negra que reverberam na educação. Ao acessar esse espaço escolar tão desfavorável ao seu desenvolvimento, os alunos negros estão fadados ao "fracasso escolar", e infelizmente os profissionais da educação não conseguem ver esse fato como um problema de racismo grave e que é necessária uma reflexão quanto às relações escolares na gestão escolar e na produção dos materiais didáticos.

Portanto, é essencial que a luta pela erradicação do racismo tenha como objetivo a transformação do modelo de organização social existente, responsável por gerar e perpetuar constantemente formas e ideologias de opressão.

6

LUGAR DE PRETO É NA CADEIA? OS IMPACTOS DA NECROEDUÇÃO NO ENCARCERAMENTO DO JOVEM NEGRO NA BAHIA

> *Se o negro é privado do acesso à cidadania, sua exposição à violência e à marginalização só aumenta.*
>
> **(Cerqueira; Júnior; Lima, 2014, p. 33)**

Com este estudo, buscamos investigar também a relação da prática da necroeducação e o encarceramento de jovens negros no Brasil embasados na teoria da Necropolítica de Mbembe (2018). Destacando o estado da Bahia, tomamos como base dados de instituições oficiais, que apontam que existe correlação entre o perfil da população carcerária e as desigualdades sociais e raciais. Cerqueira, Júnior e Lima corroboram a afirmativa dizendo que: "a população negra corresponde mais de 50% da população, mas representa apenas 20% do PIB. O desemprego entre ela é de 50% superior ao restante da sociedade e sua renda é metade da renda da população branca" (Cerqueira; Júnior; Lima, 2014, p. 32).

Nesse sentido, alicerçados no conceito de necropolítica, que questiona se o Estado detém ou não uma licença para causar mortes, considerando um discurso que visa impor ordem, e abordando a ideia de que Estados modernos incorporaram em suas estruturas internas o uso da força em determinadas situações, como parte de uma política de segurança voltada para suas populações e que, no entanto, tais discursos elaborados para legitimar essas "políticas de segurança" acabam por reforçar estereótipos, criar segregações, instigar inimizades e, em alguns casos, resultar no extermínio de grupos específicos.

Isso suscita reflexões críticas sobre o impacto dessas práticas governamentais na sociedade, destacando as consequências prejudiciais que podem surgir a partir da implementação de políticas de segurança que, em vez de proteger, contribuem para a perpetuação de violências, marginalizações e hostilidades.

Abordando sobre as origens do sistema do Código Criminal ou Penal Brasileiro, Rangel e Bastos (2023) afirmam que elas refletiam as concepções, ideias e preconceitos de uma sociedade patriarcal, coercitiva, opressiva e escravocrata, com o objetivo de manter os privilégios de uma classe dominante.

Os autores falam ainda sobre o uso do Direito Penal como instrumento de marginalização e controle dos grupos desfavorecidos, considerados como criminosos por um sistema penal a serviço do grupo branco dominante de prestígios, realizando uma triagem baseada em estereótipos, estigmas e discriminações, como a cor da pele, o estilo das vestes, os adereços que usam cortes de cabelo, local de residência, entre outros. Notadamente essa "seleção" atinge a população preta, pobre e periférica.

Essa seletividade do sistema penal brasileiro direcionada ao povo preto explica-se ao se levar em conta que no Brasil, como uma nação que mantém viva sua herança escravista, resultando em anos de exploração e cujos efeitos perduram até os dias atuais, a população negra continua a enfrentar subjugação e depreciação em vários setores sociais, o que pode justificar a presença predominante de indivíduos negros no sistema penitenciário nacional.

Assim Rangel e Bastos (2023, p. 236) afirmam que: "o atual cenário de disposição da população carcerária brasileira é composto por fatores diversos que dispõem na cadeia presos que ainda aguardam o julgamento de seus processos, presos preventivos e presos erroneamente identificados".

E sobre o encarceramento no país, afirmam que: "[...] serve apenas como fator de segregação social, dificultando sua inserção na sociedade, sendo que seu objetivo deveria ser de proporcionar meios para que o condenado retorne a uma vida digna" (Rangel; Bastos, 2023, p. 166).

De acordo com os dados divulgados pelo 17.º Anuário Brasileiro de Segurança Pública, em 2022 a população carcerária do Brasil é de 832.295, sendo que 649.592 são mantidos em presídios, o que corresponde 77% e 190.080 em prisão domiciliar, 23%, desses 49% contam com monitoramento eletrônico. A maior parte dessa população é composta pelo sexo masculino, 95%, negros e jovens, 68,2%%, sendo que18,45% encontram-se na faixa etária entre 18 e 24 anos, e 22,65%, na faixa entre 25 e 29 anos.

Analisando o racismo estrutural no sistema prisional brasileiro, Brandão e Lagreca (2023) afirmam que as pessoas encarceradas no Brasil, são majoritariamente negras e o sistema se recusa em fornecer a elas condições de instalações dignas e assegurar seus direitos. E elas reafirmam que:

> A prisão é a opção pelo controle social, que opera pela sujeição constante das pessoas encarceradas. Levando em conta que é pela operação do sistema de justiça criminal que se chega ao encarceramento, é necessário explicitar que o judiciário desempenha papel expressivo na chancela do aniquilamento dos corpos negros (Brandão; Lagreca, 2023, p. 308).

Para corroborar a tônica da relação do racismo estrutural e o sistema prisional, as autoras examinam alguns fatores, como:

1 – As desigualdades racial e social apontando para a relação entre a cor da pele, a condição socioeconômica e a possibilidade do ingresso dos jovens negros no sistema carcerário. Segundo dados do Anuário de Segurança pública de 2023, entre o período de 2005 a 2022, houve um crescimento de 215% em relação à população branca encarcerada e um aumento de 381,3% em relação à população negra. Em 2005, essa população era de 58,4%, e em 2022, salta para 68,2%.

2 – Encarceramento em massa e violação de direitos humanos – Os dados indicam que o percentual de negros encarcerados

em 2022 era de 68,2%, na maioria jovens na faixa entre 18 e 29 anos, e 95% pertencentes ao sexo masculino. Essa mesma parcela da população é majoritariamente vítima de mortes violentas intencionais, 76,9%. Essa população vive em condições insalubres e experimentam o fenômeno da superlotação, visto que segundo os mesmos dados existe um déficit de vagas no sistema prisional que opera com quase 50% a mais das vagas existentes.

Além desses fatores podemos levantar outros, como:

3 – A violência policial tendo os jovens negros como alvo dessas abordagens que apresentam geralmente duas consequências: a prisão desse jovem na maioria dos casos de forma injusta ou sua apresentação ao sistema de justiça criminal.

4 – A política de drogas – Esse é considerado a causa principal do encarceramento dos jovens negros.

O Anuário Brasileiro de Segurança Pública de 2023 divulgou dados que corroboram a assertiva do racismo estrutural do sistema penitenciário do país. Segundo os dados, o ano de 2022 atingiu o maior percentual histórico em relação à população negra encarcerada, que atingiu 68,2%, ou seja, 442.033 pessoas negras encarceradas, enquanto a população branca atinge 32%. Esses dados reforçam a afirmativa de que no Brasil a prisão é um lugar para negros(as); o que justifica o tratamento, as abordagens e as punições mais severas direcionadas à população negra.

Acerca da "incapacidade" do Estado sobre o enfrentamento e o combate ao racimo, à intolerância e ao extermínio da população negra, Lima (2010) aponta três aspectos relevantes: o primeiro trata-se do modelo de segurança pública, o qual é pensado para proteger a riqueza e o bem-estar da classe média, o que fica nítido quando são comparadas as ações de segurança nos bairros nobres e nas periferias, bem como na prestação dos serviços públicos básicos, como saneamento, energia, água, asfalto etc. O segundo aspecto é a ação coercitiva da polícia nos bairros periféricos, os quais concentram uma população majoritariamente negra; essa ação policial não é considerada violenta, visto que esses locais são julgados como perigosos e, portanto, o controle e a vigilância são necessários. E o terceiro aspecto, segundo a autora, é que existe um aval da sociedade para a execução e prisão desses grupos, sob a desculpa da preservação da ordem pública, e o combate ao racismo não é alicerce para a elaboração de políticas públicas. Essa incompetência do Estado em relação ao enfrentamento ao racismo se traduz como um projeto de extermínio desses jovens, por isso: "A prática das execuções de jovens negros, comprova o quanto o país não é capaz de assegurar o mínimo para uma existência digna, compondo eles também a maioria dos analfabetos, dos sem tetos, dos que são considerados 'violentos'. Este é o racismo institucional, que 'confirma' um Estado despreparado para tratar os 'diferentes'" (Lima, 2010, p. 30).

Pode-se afirmar que existe um perfilamento racial nas práticas recorrentes no país em relação à violência. Passando por um dos trechos mais movimentados e conhecidos de Salvador, uma frase escrita de maneira simples em um muro desperta a atenção, a ponto de refletirmos: "Por que a PM só mata preto?". Pensando sobre as abordagens policiais e o tratamento diferenciado que têm recebido os negros devido às representações negativas sobre eles, sobre a África e seus descendentes, e analisando os dados do Atlas da Violência 2020, que apontam a violência contra os negros e negras no país, revela-se que em cada 100 pessoas assassinadas, 75% são negras.

O Relatório sobre os homicídios de adolescentes em Salvador indica um aumento na taxa de homicídios de adolescentes na faixa etária entre 10 e 17 anos e que o número de homicídios de jovens e adolescentes do sexo masculino no Brasil supera o dos países que estão em conflitos, a exemplo da Síria e do Iraque. Em 2015 foram assassinados 10.480 adolescentes entre 10 e 19 anos no Brasil, enquanto no mesmo período no Iraque foram registradas 5.513 mortes violentas, e na Síria 7.607 meninos morreram, a maioria por causa da guerra, ou seja, o Brasil, sem uma guerra oficializada, mata mais que o dobro desses países.

É impossível não relacionar a esse caótico quadro de violência extrema direcionado principalmente aos(às) jovens negros(as) as imagens negativas que têm sido historicamente associadas a essa população, aos conceitos decolonialidade do ser e de poder, relacionando o colonialismo à não existência do outro, o que certamente contribui para a formação de estigmas e estereótipos do negro como suspeito ligado à marginalização.

De acordo com Pinho (2004), as representações negativas do negro no Brasil possuem suas raízes no período da escravidão. O Brasil foi um dos principais compradores de africanos e africanas de diferentes regiões para serem escravizados, e o último país do Ocidente a aderir à abolição. As imagens negativas do negro que fazem parte do senso comum ocidental têm sua origem no século 16, já nos primeiros contatos entre europeus e os povos que eles passaram a escravizar e explorar. A autora salienta ainda que a representação da África como um continente selvagem e cheio de fetiches e magias estabelece o racismo, a saber, a visão de uma África selvagem e de um povo atrasado e, portanto, inferior. Pinho (2004) relata que se defendia no século 19 a escala de evolução da humanidade, cujas características, como a cor da pele, textura do cabelo e traços faciais, correspondiam à personalidade, ou seja, os traços faciais tidos como grosseiros (lábios grossos, nariz achatado, entre outros) refletiriam um comportamento também grosseiro e atrasado.

Daí se tem no senso comum atual que o negro terá sempre uma atitude suspeita, um comportamento que necessita de vigilância, de correção, o que consolida as abordagens policiais, sempre mais violentas, rigorosas, humilhantes e muitas vezes letais. Pelo exposto, pode-se concluir que a PM não mata apenas preto, mas fica evidente que esse público é alvo costumeiro da ação do Estado, assim como as periferias, as favelas, as comunidades, onde majoritariamente habita essa população. A "cidade do colonizado", na qual o serviço público que chega primeiro e se mostra eficiente é a repressão.

Analisando a relação entre raça, classe e discriminação, Gestoso (2014) afirma que alguns autores defendem que a discriminação é determinada pela classe e não pela raça. O autor argumenta então que se assim o fosse, determinados grupos com as mesmas condições sociais não receberiam tratamento diferenciado por causa da cor da pele e pontua ainda que as instituições que são responsáveis pelo controle social — Sistema Judiciário, Polícias, Ministério Público e Sistema Penitenciário — usam o viés racial para a aplicação da coerção e força quando em atividade. Ratificando essa reflexão, Fernandes (2019) reitera que no sistema penal o racismo se transforma num mecanismo do poder para punir. Em suas palavras, "o poder representado por uma supremacia branca encarnados na magistratura". Esse poder tem a finalidade de perenizar os privilégios da classe dominante, branca.

De acordo com dados da Seap – Secretaria de Administração Penitenciária e Ressocialização, o estado da Bahia possuía em 2023 um total de 13.822 internos, no entanto o sistema possui capacidade para abrigar apenas 10.848 pessoas, indicando uma superlotação no sistema e como consequência se torna comum a morte de internos decorrentes de desavenças e disputas entre grupos rivais.

Analisando os relatórios da Depen/Seap – Departamento Penitenciário Nacional de 2020, Neiva (2021) aponta o estado da Bahia com uma taxa de aprisionamento maior que a média nacional; indica também um aumento significativo no encarceramento feminino, cerca de 70,41%, sendo que a maioria, 51,83%, relacionada ao tráfico de drogas. Ele traça o perfil dessa população como sendo 53,08%, mais da metade, jovens na faixa etária de até 29 anos. Fazendo o recorte racial, 76,14% se declararam pardos, 17% pretos e 6,43% se declararam brancos.

O que se conclui é que a população carcerária na Bahia é majoritariamente negra, 93,14%. Seguindo critérios do IBGE, são jovens que se encontram na faixa entre 24 e 29 anos, são pobres, possuem pouca escolaridade, não têm profissão definida, e a maioria está custodiada por dois tipos de crimes: contra o patrimônio e por tráfico de drogas.

Portanto, um dos componentes da biopolítica é o projeto de genocídio ou encarceramento dos(as) jovens negros(as), desenvolvido com aval do Estado brasileiro, quando se constata que há uma maior preocupação em aparelhar e fortalecer o modelo de repressão, com a utilização de métodos que ainda remontam ao período colonial, calcados numa coerção exagerada com a finalidade de obter maior controle social e subsunção dos grupos oprimidos. Enquanto uma necropolítica, essas ações têm se mostrado eficazes e seus resultados têm sido desastrosos, sendo necessária a ampliação de ações relacionadas à segurança pública, baseada não na proteção de bens materiais, mas da vida, de uma educação de qualidade e de tempo integral, uma Educação Equitária Antirracista, contrária à necroeducação vigente nas instituições públicas; uma educação que favoreça melhor qualificação para o mercado de trabalho e melhor assistência à saúde pública, o que poderá realmente diminuir as desigualdades sociais e conceder oportunidade de direitos iguais aos grupos historicamente excluídos.

7

JUVENTUDE NEGRA: VIOLÊNCIA, EXCLUSÃO, RESISTÊNCIA E IDENTIDADE

> *A vivência da juventude nas camadas populares é dura e difícil; os jovens enfrentam desafios consideráveis. Ao lado da sua condição como jovens, alia-se a da pobreza, numa dupla condição que interfere diretamente na trajetória de vida e nas possibilidades e sentidos que assumem a vivência juvenil.*
>
> *(Dayrell, p. 1108, 2007)*

O perfil da juventude negra no Brasil pode ser identificado na fala de Corti (2002, p. 15): "A palavra exclusão, carregada de significados diversos na literatura, representa, sobretudo, a precariedade vivida pelos jovens que de alguma forma não têm seus direitos respeitados e enfrentam dificuldades maiores que outros para se integrar à sociedade em suas diversas esferas".

É fácil reconhecer de que jovem a autora fala, qual a sua classe social e a cor de sua pele e que a construção de identidade desse jovem é produzida em discursos que devem ser compreendidos nas relações de poder, na lógica de sociedade "concorrencial". Para Sposito (2003), a concorrência é utilizada para se cogitar uma naturalização da diversidade no reconhecimento das diferenças, o que impede o questionamento nas relações de poder, as quais determinam para os indivíduos lugares sociais diferenciados.

Ponderando sobre o que é ser jovem negro numa sociedade racista, Freitas (2013) traça o perfil dessa juventude baseado em dados da Pesquisa Agenda Juventude Brasil. Essa agenda é resultado do Estatuto da Juventude, criado pela Lei n.º 12.852 de agosto de

2013, produto de uma parceria múltipla de pesquisadores, grupos e instituições com a finalidade de implantar, debater e formular políticas públicas para a juventude. Essas políticas buscam contemplar a diversidade das experiências e trajetórias da juventude no Brasil e estão voltadas para sua inclusão, autonomia e emancipação. Segundo o autor, a pesquisa aponta para o aumento da autodeclaração racial, afirmando que esse fato é produto das lutas do movimento negro, no propósito de superação de estigmas e representações negativas da imagem do negro; dados mostram que 60% se declararam negros, e mostram também que em relação ao acesso à educação e ao trabalho eles detêm os piores índices. Quanto ao acesso ao universo das novas tecnologias, as desvantagens ainda pertencem a eles. Os dados evidenciam, ainda, que 84% dos jovens negros utilizam a TV aberta e rádios comerciais e comunitárias para se informar sobre as notícias, contra 80% dos não negros, e que 60% de jovens brancos utilizam mais a internet e a TV fechada, contra 53% de jovens negros, que possuíam 10% menos acesso ao uso do computador/internet; enquanto 61% dos jovens brancos acessam a internet em seu domicílio, entre os negros a taxa é de 52%; e entre jovens que não acessam computador, 12% são brancos e 23%, negros.

    O Relatório mostra, nesse contexto, que as desigualdades também são significativas quando o assunto é lazer: entre os jovens negros, predominam as atividades gratuitas realizadas em sua comunidade ou em áreas vizinhas; já os jovens brancos têm acesso às atividades mais sofisticadas que envolvem despesas e têm maior acesso às áreas de livre circulação, como shoppings centers. Na pesquisa os jovens negros se mostraram ressentidos por causa da rígida fiscalização e vigilância em sua circulação nesses espaços. O resultado dessa vigilância mais severa está relacionado à discriminação e preconceito e à circulação da imagem negativa do negro e estereótipos quanto à sua estética, roupas, cabelo etc.

    Essas representações negativas sobre o negro, um forte componente do senso comum, do imaginário da sociedade brasileira, repleto de estereótipos negativos, apesar de ter transcorrido mais de um século da abolição da escravidão, persistem e podem ser observadas e vivenciadas em diversas situações de racismo e discriminações no cotidiano dessa sociedade. A imagem negativa está associada, entre outros aspectos, à desonestidade e à marginalidade, daí a ideia comum de que o negro é, e sempre será, suspeito. Como consequência, há um perfil preestabelecido, um perfil marginalizado, vinculado à aparência física, à cor da pele, ao estilo do cabelo. Em outras palavras, ser negro, masculino e jovem compõe um indivíduo que será assediado com mais rigor, será vigiado mais de perto por seguranças de lojas, shoppings, supermercados, apenas por "parecerem" suspeitos. Enfim, ser negro em nossa sociedade está relacionado a pertencer a um grupo de risco. Esse perfilamento racial é prática recorrente não apenas no Brasil, mas em muitos outros países. Esse perfil estereotipado e discriminatório do negro é um elemento seletivo do racismo institucional, o qual, segundo Cerqueira, Júnior e Lima (2014), pode ser definido como "o fracasso coletivo das instituições em promover um serviço profissional adequado às pessoas por causa da cor", e afirmam ainda que o racismo institucional dificulta o acesso do negro a determinados espaços e/ou a ausência do Estado onde se concentra a população negra. No Brasil, como o Estado segue um padrão epistemológico eurocêntrico, uma de suas características é a colonialidade do ser, proposta por Walsh (2005) e citada por Oliveira e Candau (2010), relacionando o colonialismo à não existência, à desumanização do sujeito colonizado, cujos direitos são negados, sendo vigiado diuturnamente e tido como "naturalmente" mau.

Esse perfilamento, o encaixar na descrição, quer dizer que ser negro resulta em milhares de assassinatos e milhões de agressões, e está condicionado às referências visuais marcadas pelo preconceito e estereótipo, associando a referência visual em foco a um comportamento suspeito e é prerrogativa do racismo estrutural; este é um dos instrumentos utilizados por um Estado racista e classista, que ainda vê o negro como uma raça inferior, sem humanidade e, portanto, sem direitos iguais aos demais cidadãos, conforme reitera a proposição a seguir:

> [...] são expressivas as diferenças e desigualdades entre jovens negros e brancos no acesso a direitos

em nossa sociedade. Tanto na educação, quanto ao mundo do trabalho, no acesso às novas tecnologias e ao lazer, ou mesmo na garantia do direito à vida segura, os jovens negros ocupam posições de desvantagem, determinadas pelo racismo e pela discriminação racial (Freitas, 2013, p. 115).

Analisando as peculiaridades da juventude em relação às outras gerações, Pereira (2007) afirma que alguns autores trabalharam com as noções de moratória social e moratória vital. A noção de moratória social corresponde ao período, entre os séculos 18 e 19, em que a juventude passa a ser considerada como uma categoria que possui certos privilégios. Em relação aos jovens pobres, sua moratória social é diminuída, devido à interrupção dos estudos para introduzir-se, prematuramente, no mundo do trabalho e por assumir muito cedo o sustento da família, casamento, filhos etc. Quanto à moratória vital, esta é considerada uma complementação da moratória social, denominada de "certo capital temporal" ou "capital energético", fator comum a todos os jovens, a todas as classes sociais, determinada pela energia corpórea e pela distância da morte.

No tocante à noção da moratória vital, conforme estudo de Pereira (2007), no qual ele afirma ser comum a toda juventude a marca da energia corporal e da sensação de segurança, de invulnerabilidade, pode-se assegurar que é nítida apenas uma dessas características na juventude negra, a energia corporal, e mesmo essa tem sido alvo de discriminação, dominação e preconceito, quanto à sensação de segurança e de invulnerabilidade, a juventude negra não sabe o significado disso, pois, cercada por uma violência cotidiana, experimenta em tempo real a dualidade entre a vida e a morte, como condição diária e comum, sendo as únicas sensações dessa juventude o medo e a insegurança.

De acordo com os dados apresentados pelo Atlas da Violência de 2020, foram registrados 57.956 homicídios no Brasil em 2018; desse total, 75,7% eram negros e 48,4% eram jovens, entre 15 e 19 anos. Os negros apresentaram uma taxa de assassinatos por 100 mil habitantes de 37,8%, enquanto entre os não negros a taxa foi de 13,9%, significando que uma pessoa negra tem 2,7 vezes mais chance de sofrer uma morte violenta do que uma pessoa não negra. Os dados também registraram um aumento de homicídios entre as mulheres negras: em 2018 foram assassinadas no Brasil 4.519 mulheres, das quais 68% eram negras, e 30,4% deles foram considerados feminicídio. Em Salvador, segundo o Mapa dos Homicídios de adolescentes, em 2019 apresentou-se um aumento de mortes desse grupo; comparando os anos de 2016 e 2019, na faixa entre 10 e 19 anos, as maiores taxas foram apresentadas por três das cinco prefeituras-bairro: na de São Caetano/Liberdade, a taxa passou de 93,60%, em 2016, para 138,90%, em 2019, por 100 mil habitantes; no Subúrbio/Ilhas, o aumento foi de 83,77% em 2016 para 123,60% em 2019; enquanto em Cajazeiras o número passou de 72,03%, em 2016, para 99,20%, em 2019; houve também um crescimento na taxa de adolescentes negros na mesma faixa, que passou de 67,11%, em 2016, para 98,26%, em 2019, mortes por 100 mil habitantes.

Gráfico 3 – Homicídio de crianças e adolescentes entre 10 e 19 anos

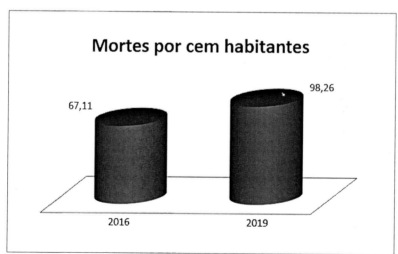

Fonte: a autora (2021) baseada em dados do Mapa de Homicídios de Salvador/ Unicef (2016-2019)

Os dados expostos mostram que o país ainda tem muito a percorrer em relação ao enfrentamento e combate ao racismo, que é estruturante e multifacetado. Por isso, é importante ressaltar as contribuições e conquistas dos movimentos negro e social, porém estes não foram suficientes para garantir os direitos dessa parcela da população, pois é evidente que os jovens negros se encontram em condições bastante desiguais em relação à juventude branca e continuam sendo o alvo preferencial da atuação letal do aparelho repressivo do Estado.

Em seus estudos sobre jovens desprestigiados, Sposito (1992) acrescenta a característica da "liminaridade"; explica que tanto a transitoriedade como a procura por autonomia revelam a noção de que esses jovens vivem diariamente no "limiar", entre regras, projetos, família, escola, mundo e os grupos que fazem parte e que eles fazem escolhas que nem sempre são acatadas pelos grupos dominantes da sociedade.

Ainda segundo a autora mencionada, viver no limiar, na fronteira, é uma característica da população negra deste país, e pode ser compreendido nessa luta diária o enfrentamento ao racismo, à exclusão e à violação de direitos. Para os adolescentes e jovens pobres, a realidade do ingresso ao mundo do trabalho se institui mais cedo, entre 12 e 14 anos, às vezes antes disso, o que os coloca em dupla atividade, trabalho e escola. Esse acesso precoce ao mercado de trabalho resultou numa relação descontinuada com a educação, agravada ao "fracasso" da escola em atender a esse público com qualidade e contribuir para sua autonomia e desenvolvimento como sujeitos sociais.

Sobre essa relação irregular com a educação, em virtude de ter que se dividir entre a escola e o trabalho, Dayrell (2007, p. 1109) afirma: "Para os jovens, a escola e o trabalho são projetos que se superpõem ou poderão sofrer ênfases diversas, de acordo com o momento do ciclo de vida e as condições sociais que lhes permitem viver a condição juvenil".

Para o autor, a escola "faz" juventudes quando ela se transforma num espaço permanente de "construção social", quando ela atua como mediadora nos conflitos sociais/raciais existentes em suas relações. Nesse segmento, a escola tem que abandonar o velho modelo colonial de educar e focar na subjetividade do público com o qual trabalha, reconhecer a diversidade e colocá-la no centro dos conteúdos curriculares, trazer para seu espaço a realidade das comunidades do seu aluno, abrir espaço para os debates sobre as desigualdades sociais e suas causas, questionar os privilégios de determinado grupo em detrimento dos demais e esclarecer quais os mecanismos responsáveis por sua opressão.

O autor ressalta que essa práxis já vem sendo repensada, porque têm surgido novas propostas pedagógicas, com a tendência da redemocratização do ensino público, com foco no reconhecimento e respeito à diversidade, cuja meta é justiça social e equidade, afirmando, ainda, que "Muitas dessas propostas, na busca de estabelecer m diálogo com os jovens, tendem a desenvolver ações em torno das mais diferentes expressões culturais na perspectiva de valorizar a cultura juvenil dentro da escola" (Dayrell, 2007, p. 1123).

Uma dessas novas propostas é a Educação Equitária, que segue a linha antirracista e que possui como pilares a problematização das relações sociais e a valorização da cultura, da vida diária da juventude negra e de sua comunidade como referencial positivo, para que haja uma construção identitária livre de estereótipos e discriminação. Uma educação que vise à autonomia tem que estimular o questionamento sobre as posições sociais, as relações de poder e sempre estar em conflito com elementos que reforçam uma estrutura social excludente, buscando conceitos fundamentados na reinvenção e releitura da aprendizagem, das habilidades cognitivas, da criatividade e da autonomia, os quais podem proporcionar o desenvolvimento da capacidade de uma reflexão crítica, no agir e reagir do indivíduo, levando-o a manusear ferramentas que lhe deem compreensão crítica de sua realidade, de como funciona o sistema sócio-político-econômico da sociedade, pois sem essa problematização o sujeito aprende e reproduz que os papéis sociais de poder são fixos e predeterminados, o que o faz se acomodar no "seu lugar" e legitima o status quo da classe dominante. Assim, é o conhecimento crítico da estrutura social em jogo que poderá contribuir para que esses jovens a questionem e pressionem, com a proposição de estratégias e ações que sejam capazes de abalar a muralha estabelecida por conceitos e valores pós-coloniais. "Nas problematizações sobre as diferenças, a questão do poder é central: importa e muito entender quem tem (em determinado contexto) o poder de representar, de nomear, de descrever, de identificar ou de diferenciar" (Sposito, 2003, p. 26).

Melluci (1996) afirma que a sociedade não deve ser uma apreensão inabalável de um poder dominante de normas culturais na vida das pessoas; antes, ela se assemelha a um campo correlativo, formado por conflitos e constantemente preenchido por conceitos culturais antagônicos, e os enfrentamentos, por sua vez, ocorrem nas áreas da sociedade onde estão mais evidentes os investimentos emblemáticos, que produzem conhecimentos e que, ao mesmo tempo, são submetidos a maiores pressões por conformidade, por acomodação. O autor ressalta que, para se aprender, tem que haver autonomia, insistindo que:

> Os sistemas complexos nos quais vivemos constituem redes de informação de alta densidade e têm que contar com um certo grau de autonomia de seus elementos. Sem o desenvolvimento das capacidades formais de aprender e agir (aprendendo a aprender), indivíduos e grupos não poderiam funcionar como terminais de redes de informação, as quais têm que ser confiáveis e capazes de autorregularão (Melucci, 1996, p. 6).

Por isso, é fundamental a problematização das relações de poder e sua representatividade para a construção de uma identidade racial positiva: quem nomeia, quem identifica, quem classifica e com que intenção o faz. No tocante à construção de uma identidade racial, Gomes (2005) acentua que a escola deve entender a construção da identidade negra não apenas no campo simbólico e subjetivo, mas no âmbito político, tendo a consciência de que esse povo historicamente excluído contribuiu economicamente para a construção dessa nação, além de avançar na compreensão do significado de raça, como construção política, pois esse argumento colabora para o entendimento do que é ser jovem negro.

Para a autora, o debate sobre as relações raciais no Brasil é constituído por diversos conceitos e termos e que há diferentes interpretações por parte dos estudiosos sobre o assunto; ela analisa alguns desses termos e conceitos, e aqui destacamos os conceitos de identidade, identidade negra e raça. Para ela, o conceito de identidade é permeado de enorme complexidade e usos variados e se for agregado a ele os adjetivos pessoal, social, étnico, negro, de gênero, juvenil e profissional, ter-se-á maior complexidade ainda para responder o que é identidade. Afirma também que a identidade é inata, é construída a partir das relações e referências culturais dos grupos sociais, e envolve os níveis culturais, sociais, políticos e históricos de cada grupo social. Logo, a formação da identidade enfatiza a diferença, e ela não é construída de maneira isolada, e, sim, por relações internas e externas, sendo o reflexo da autoimagem com a imagem do outro, as identidades pessoal e social, em suma, são construídas através de diálogos.

Analisando o conceito de identidade negra, a autora atesta ser um componente das identidades sociais, de gênero, racial, sexual, de classe etc. reconhecer uma identidade, que pressupõe estabelecer um sentido de pertencimento a um determinado grupo social:

> Assim como em outros processos identitários, a identidade negra se constrói gradativamente, num movimento que envolve inúmeras variáveis, causas e efeitos, desde as primeiras relações estabelecidas no grupo social mais íntimo, no qual os contatos pessoais se estabelecem permeados de sanções e afetividades e onde se elaboram os primeiros ensaios de uma futura visão de mundo (Gomes, 2005, p. 43).

Nesse ponto, ao analisar a identidade negra, Gomes (2005) utiliza um dos princípios da Teoria Racial Crítica, ao enfatizar que há necessidade de se avançar na compreensão do significado do conceito "raça", pois ora o termo adquire uma acepção política dada pelos próprios negros, principalmente os militantes na defesa dos direitos dos negros, ora se assume como categoria de exclusão social. A importância de se avançar no entendimento do conceito raça pode contribuir para o uso de estratégias para o enfrentamento efetivo do racismo.

Em 1996, Sposito reitera a pertinência da construção da identidade como essencial na juventude, pois ela é concebida por imagens influenciadas pelos meios de comunicação; sob a perspectiva de classe, será considerada como consumista e alienada para os grupos pertencentes à classe dominante e vista como violenta ou marginal, atribuída ao grupo da classe dominada. E o mais perverso, aponta a autora, é que negamos a ela o direito de fala, e, sem ouvi-la, nós lhe imputamos definições por meio de fatores externos como se estes fossem inatos à categoria.

De um lado, associamos violência, marginalidade à pobreza, como se esses termos exprimissem uma relação linear de causa e efeito, sem considerar, por exemplo, a violência e a marginalidade de jovens de outras classes sociais, às vezes igualmente fortes, mas menos perceptíveis porque protegidos pela sociedade (Adorno, 1989 *apud* Sposito, 1996, p. 136).

A associação de violência e marginalidade à pobreza, ou melhor, aos negros e pardos que compõem os 72,7% mais pobres do país, e que em números absolutos representam 38,1 milhões de pessoas, segundo dados do IBGE/SIS (2019), sendo as mulheres pretas e pardas as que possuem o maior percentual, 27,2 milhões vivendo abaixo da linha da pobreza, é uma característica da colonialidade do ser, relacionada ao colonialismo, que nega ao integrante oriundo dos grupos colonizados sua humanidade, considerando sua natureza essencialmente "má". A naturalização do "suspeito" do "mau", muitas vezes, é "natural", até para nós, negros, pois nos surpreendemos quando aparece na mídia um jovem branco de classe alta acusado de práticas violentas ou ilegais: eles são chamados na mídia de filhinhos(as) de papai, apelando-se para o aspecto familiar, ou seja, eles(as) têm pai, têm família, cometeram apenas um deslize, saindo da normalidade e do seu lugar habitual, ocupando, por um momento, o lugar natural do negro, o que causa uma comoção, já que a rede social continua protegendo esse jovem ao contrário do jovem negro, cuja imagem frequentemente é associada à criminalidade pela sociedade e pela mídia, que o retrata como alguém desvinculado de uma família, o jovem negro é frequentemente estigmatizado e desumanizado. Para esses jovens, a criminalidade é muitas vezes vista como uma parte inevitável de sua identidade, ignorando sua condição de filho e sua conexão familiar e não se percebe a mesma comoção por ele, além de haver certa rapidez em se condenar sem ouvir, pela sua aparência, cor da pele, tipo de cabelo, local de moradia, o que, por si só, faz dele suspeito e condenado.

Quanto à exclusão escolar sofrida pela juventude negra, é determinada por vários fatores; destacaremos a desigualdade social como o mais estruturante. Conforme explanado anteriormente, o jovem negro periférico necessita ingressar mais cedo no mercado de trabalho e, consequentemente, em condição vulnerável, não pode, portanto, postergar o tempo de estudo; mesmo que assim o faça, a práxis da escola pública em relação ao jovem negro não consegue fornecer ferramentas para que esse ciclo excludente seja rompido, então as características da juventude brasileira ocorridas nos sistemas educacionais do século 20, elaboradas por Sposito (2003), ocasionam o prolongamento da permanência escolar e o atraso no ingresso ao mercado de trabalho nos novos segmentos sociais, que não se aplicam a jovens negros. Conclui-se, dessa maneira, que o segmento social pobre, periférico e composto, em sua maioria, de negros e mestiços, foi atingido negativamente pelas mudanças citadas no sistema escolar, uma vez que, para o segmento referido, a conclusão dos estudos tem o significado de autonomia, que se daria pelo ingresso imediato no mundo do trabalho; porém, sabe-se que os jovens negros abandonam mais cedo os estudos para trabalhar e, por falta de qualificação, ocupam-se de profissões precárias, sem o devido amparo legal, enquanto os jovens dos "novos segmentos" prolongam seus estudos e ocupam, cada vez mais, postos de prestígio no mercado de trabalho.

Essa juventude negra, alvo de todas as formas de opressão, resiste contra a sociedade racista e excludente, e para essa resistência cria diversos mecanismos de sobrevivência. Alvim (2001 *apud* Alves, 2012, p. 68), analisando algumas estratégias de resistência da juventude negra, frisa que a escola, especialmente, tem a tendência de considerar sua cultura como subalterna e crer que o jovem negro possui naturalmente a inclinação para delinquir. Para fazer esse enfrentamento ante a escola e a sociedade, e sobreviver, esses jovens se organizam, reunindo suas bandeiras de luta e marchando rumo ao inevitável confronto com a polícia, a exclusão e repetência escolar e o sistema social.

Nessa toada, o movimento hip-hop é um exemplo de organização social na qual os jovens negros explorados mostram quem são e como pensam, provocando um debate crítico sobre sua realidade, pois o que querem é mudar a situação em que vivem. Então, "Prosseguindo o desejo de mudança, os jovens negros têm utilizado ferramentas como o grafite, o hip hop, as músicas executadas por DJs e MCs, para promover a discussão e a articulação, a fim de que possam, de maneira crítica, pensar sua realidade" (Raimundo, 2014, p. 131).

Assim, excluídos do espaço escolar, os jovens negros têm se engajado em movimentos de grupos que elegeram as ruas como seu espaço de resistência e criado movimentos sociais a partir de debates sobre a sua estética, seu corpo, sua cultura, racismo, feminismos, visando à valorização e ao respeito à sua imagem, sua estética e sua cultura. Desses movimentos, surgiram em Salvador grupos de resistência como: Geração Tombamento, que debate o empoderamento dos negros; o movimento das Crespas e Cacheadas, que enaltece a estética como ferramenta política no combate ao racismo e ao preconceito; movimentos de mulheres pautando princípios do feminismo negro, pelos direitos das mulheres negras, entre outros.

Nas últimas décadas, o enfrentamento pela valorização do corpo e da estética negra tem levantado algumas organizações sociais que vêm empunhando a bandeira contra o racismo, a discriminação e a exploração, realizando o confronto contra hegemônico, uma rebeldia contra o sistema; como afirma Alves (2012), há uma batalha da cultura para levantar o corpo aquebrantado pela opressão.

O movimento das Crespas e Cacheadas, conforme escrevem Lopes e Figueiredo (2018), foi influenciado pelo movimento black power, nascido nos Estados Unidos na década de 1960, e pelo movimento negro no Brasil, tendo como objetivo resgatar o debate da estética negra, livre da concepção do erotismo e excentrismo da visão eurocêntrica do(a) negro(a), visando à construção de uma identidade negra positiva e ao enfrentamento à hegemonia de uma estética branca. Esse movimento caracteriza-se pela utilização do espaço virtual para a formação de redes entre mulheres negras, usando o cabelo como ferramenta política para combater o racismo, o preconceito e outras formas de opressão, envolvendo questões do feminismo negro, do ativismo político e do empoderamento da mulher.

Solon Neto (2017) constrói uma definição sobre o movimento político-social da Geração Tombamento como um processo de empoderamento, que projeta um mundo pós-racial, marcado pela renovação, reinvenção da arte, da dança e da música, com o fato de vencer os estereótipos, superar a discriminação, os estigmas e desconstruir paradigmas. incorporando estratégias de consumo para a construção de uma identidade negra autônoma e questionadora no tocante ao processo de opressão e exploração do(a) jovem negro(a).

O conceito de empoderamento, oriundo das lutas do movimento negro, influenciado pelo movimento black power vindo dos EUA, questiona a hegemonia do poder e se organiza defendendo bandeiras no combate ao racismo, à discriminação, ao preconceito em relação ao seu lugar na sociedade, ao seu corpo, a sua estética; o movimento do empoderamento como base para a emancipação do povo negro diaspórico reafirma a beleza negra, sua capacidade intelectual, e exige sua participação em todas as áreas da sociedade com o reconhecimento e respeito à diversidade. É a projeção de um mundo pós-racial, caracterizado pela reinvenção, pela releitura das artes, das ciências, dos saberes e cultura, com o objetivo de desconstruir estereótipos e paradigmas construídos por uma supremacia branca, elitista e racista. Visando à construção dessa identidade negra, a juventude brasileira recebeu influência na década de 70, segundo Albuquerque e Fraga Filho (2006), da música caribenha, o reggae, produzida por Bob Marley, Peter Tosh, Jimmy Cliff, o que provocou, inclusive, uma mudança visual, com a adoção da filosofia Rastafari, a qual transmitia uma ideia de repulsa ao colonialismo e exaltava o antirracismo, trazendo para esses jovens uma mensagem de esperança, otimismo e força para o enfrentamento ao racismo e as dificuldades cotidianas decorrentes da discriminação.

Quanto ao movimento do Feminismo Negro, Carneiro (2000) alega que na década de 1980 as mulheres negras trouxeram para o movimento feminista suas experiências de exclusão e discriminação e passaram a desenvolver formas de conceituar o gênero e o feminismo, cuja concepção formal no tocante a um feminismo negro surge nas décadas de 1960 e 1970, na chamada segunda onda do movimento feminista, nos Estados Unidos, e se dá paralelo à luta pelos direitos civis dos negros, na qual as mulheres exigiram que as noções sobre o "ser mulher" levassem em consideração as questões de raça, etnia, classe e sexualidade.

No Brasil, a exclusão e discriminação podem ter vínculo direto com a violência que envolve a juventude negra, e têm sido empregadas nos moldes de uma escravidão contemporânea, sendo o negro o mais vigiado e aquele que necessita de maior correção; o fenômeno pode ser percebido nas abordagens policiais, por exemplo, que sempre são mais rigorosas, humilhantes e, muitas vezes, letais.

Raimundo (2014), em sua pesquisa sobre a violência no cotidiano da juventude negra, analisa a violência como uma ferramenta para a dominação, manipulação e padronização do ser humano e é utilizada pela sociedade capitalista, a qual gera as desigualdades sociais; nesse caso, a violência está associada à estrutura organizacional das relações sociais e se apresenta no cotidiano da população, em especial da juventude negra:

> [...] as situações de violência vivenciadas pela juventude negra no seu cotidiano são expressões de processos históricos, que têm como determinação a ação da ordem capitalista vigente, como também as relações sociais e de raça, que, no caso do Brasil, assumem certas particularidades (Raimundo, 2014, p. 120).

A autora dedica-se à análise da violência urbana e declara: "a violência urbana expressa-se na brutalidade da vida, na pobreza, nas carências, na marginalização, no desrespeito, na negação, na violação, na coisificação, na humilhação e na discriminação" (Raimundo, 2014, p. 120). Para além da violência urbana, a juventude negra brasileira é atingida por todas as formas de violência: a policial, social, racial, entre outras. A violência urbana tem se materializado em homicídios, sequestros e perseguições contra a juventude negra, especialmente nas áreas periféricas, onde reside a maioria; inúmeros dados estatísticos vêm demonstrando que a juventude negra é o alvo principal da violência estrutural e estruturante, como parte de um projeto de eliminação, mormente, dessa parcela da população.

Para a comprovação de que o projeto de extermínio dos jovens negros está sendo executado em território brasileiro, nos moldes da necropolítica, os dados do Atlas da Violência, publicado em 2020, mostram que a vitimização de jovens na faixa etária entre 15 e 29 anos é grave, e que o fato foi anunciado nas últimas décadas sem que nenhuma providência fosse tomada para o enfrentamento do fenômeno. Os dados alarmantes informam que 53,3% do total dos homicídios do país é de jovens, vítimas preferenciais; os mais vitimados estão na faixa entre 15 e 19 anos, sendo que 55,6% são meninos, e 16,2%, meninas, com destaque para os estados do Amapá, Bahia, Sergipe, Rio de Janeiro, Roraima e Rio Grande do Norte. Fazendo o recorte racial, os registros dizem que 57.956 pessoas foram assassinadas no Brasil, nesse período, desse total,

75,7% eram negros, e 48,4 % jovens, entre 15 e 19 anos. As taxas de assassinatos por 100 mil habitantes entre os negros foram de 37,8%, e entre os não negros, 02,7%. Os dados mostram ainda que aumentaram os índices de homicídios entre as mulheres e que as pretas morrem mais que as não pretas — as primeiras apresentaram taxas de 68%, sendo 30,4% atribuídos ao fenômeno do feminicídio.

> [...] a desigualdade racial no Brasil se expressa de modo cristalino no que se refere à violência letal e às políticas de segurança. Os negros, especialmente os homens jovens negros, são o perfil mais frequente do homicídio no Brasil, sendo muito mais vulneráveis à violência do que os jovens não negros (Brasil, 2020, p. 6).

Os dados da pesquisa constatam que os jovens negros são as vítimas preferenciais da ação mortal das polícias e são a população predominante nos cárceres brasileiros. Em sua pesquisa sobre a violência contra a juventude negra, Moraes (2018) assegura que o fato é tão grave que o Congresso Nacional instaurou duas CPIs – Comissão Parlamentar de Inquérito: a primeira em 2015, com o título "A violência contra jovens negros e pobres", e a segunda em 2016, "Assassinato de jovens". O objetivo das investigações foi averiguar a existência do genocídio da juventude negra.

A autora assevera que a conclusão dos relatórios revelou o perfil desses jovens, negros, com baixa escolarização e oriundos de bairros periféricos, cujos serviços públicos estão limitados ou ausentes; porém, as CPIs delimitaram o genocídio a uma questão sociológica, não havendo sinalização de um enfrentamento jurídico como exigem os diversos acordos internacionais dos quais o Brasil é signatário. Nesse caso, o genocídio deveria ser encarado como "crime contra a humanidade", e não apenas como uma questão social e racial, pois sem esse reconhecimento a consequência é a omissão do Estado em promover políticas públicas para o enfrentamento do genocídio.

Evocando os estudos de Pereira (2007), o qual afirma que a partir dos séculos 18 e 19 a juventude passa a ser considerada uma categoria que possui certos privilégios, conforme mencionado alhures, o que ele denomina de moratória social, e fazendo a correlação entre a necroeducação e a condição da juventude negra, oriunda de classes populares, tomando por base as noções da moratória vital e social, pode-se inferir que esses jovens estão longe de deter privilégios, pois são atingidos pela desigualdade de oportunidades, pela exclusão social e escolar e pela prática excludente e classista da escola pública. A Unicef (2021) apresenta essa exclusão escolar em números, e, de acordo com dados da instituição, no Brasil 71,3% de crianças e adolescentes pretos, pardos e indígenas na faixa etária entre 6 e 17 anos, apresentando renda média domiciliar de até ½ salário mínimo, em sua maioria, estão fora da escola; no estado da Bahia, são 844 mil, o que equivale a 30,7%.

Não que estar fora dessa escola seja um fator totalmente negativo para os jovens em questão, pois a prática necroeducadora não tem favorecido a autonomia da pessoa negra. Porém a exclusão escolar lhes tira a oportunidade de utilizar esse espaço como palco para a resistência, desde a luta pela valorização de sua estética, pelo respeito pela sua cultura, pela sua história e pelo enfrentamento ao racismo institucionalizado, e, por mais paradoxal que pareça, eles ainda têm a escola como um referencial importante para a sua emancipação.

Conforme Heringer (2002), a educação para os negros representa tanto a ascensão social como uma via de discriminação e exclusão; a luta para que as crianças e jovens negros permaneçam na escola é comparável à da população negra em ter que se encaixar em um sistema sócio-político-econômico engendrado para o seu isolamento, sua invisibilidade, sua supressão.

Para Cury (2000), a ação educacional é parte de uma organização social, que por sua vez está definida por um modelo de produção capitalista, e suas relações sociais é produto do antagonismo de duas classes sociais essenciais para a sobrevivência do sistema, a classe capitalista e a classe dos trabalhadores. Nesse sentido, a escola é um espaço a ser ocupado pela classe subalternizada, como um campo de resistência e caminho para sua emancipação, e a educação deve ser concebida como um lugar de conflito nas relações de classe.

Outra preocupação quanto ao fechamento das unidades públicas é a transferência dos alunos para outras unidades, pois quando a unidade em que estudam fecha podem ser transferidos para uma escola localizada em uma comunidade próxima ou dentro de áreas de comunidades rivais, colocando-se em risco a vida desses jovens, visto que a guerra do tráfico tem se intensificado nos últimos anos em nossa cidade e é responsável pela morte de milhares de jovens e adolescentes pretos. Há também outras preocupações, como a superlotação de salas de aula, o que dificulta um trabalho mais individualizado, os custos com transporte, se o aluno for transferido para unidades muito distantes de sua casa, e o aumento da baixa escolaridade, já que, conforme Heringer (2002), a população brasileira apresenta baixa escolaridade: a média é de 5,7 anos de estudos, se não se contar com a repetência, o que significa a conclusão do ensino fundamental I. Fazendo-se o recorte racial, encontra-se uma diferença entre brancos e negros, pois os brancos apresentam uma média de dois anos de estudo a mais que os negros.

A baixa escolaridade é uma característica que marca a população negra e se revela no mercado de trabalho, pois essa população ocupa-se das chamadas profissões precárias e dos subempregos; por conseguinte, recebem os piores salários do mercado: "Os negros brasileiros têm feito pouco progresso na conquista de profissões de maior prestígio social, no estabelecimento de seus próprios negócios e na ocupação de posições de poder político" (Heringer, 2002, p. 5).

Em contraponto à política da necroeducação, Dayrell (2007) propõe a reinvenção da estrutura escolar para dar conta dos desafios do que é ser jovem no atual contexto histórico, critica as práxis escolares, que pouco têm se modificado, considera a escola uma instituição imutável, muitas vezes inalcançável, pois ela espera que as gerações se adaptem aos seus mecanismos e práticas. A partir dessas pautas, o autor sugere que a escola repense sua função, sua práxis, porque quando o indivíduo passa a realizar novos questionamentos a pedagogia e a escola devem também questionar suas funções e relações, e conclui que a escola só "faz juventude" quando propicia a reflexão sobre os conflitos experimentados pelos jovens no seu dia a dia, no ambiente escolar e, acima de tudo, na sua "condição juvenil". O autor não faz referência a qualquer jovem, ele está considerando "uma parcela da juventude brasileira que, majoritariamente, frequenta as escolas públicas e é formada por jovens pobres que vivem nas periferias dos grandes centros urbanos, marcados por um contexto de desigualdade social" (Dayrell, 2007, p. 67).

Para além de não favorecer uma educação para a vida, proporcionando ao indivíduo uma relação emancipatória, tendo como objetivo a sua autonomia, o fechamento das unidades escolares impede o debate interno de docentes, discentes e gestão, de uma educação subversiva, reacionária, indisciplinar, equitária, de acordo com os padrões dos princípios e valores antirracistas, que possibilite a liberdade, a luta pelo empoderamento e o questionamento de melhores condições de acesso a serviços básicos, visto que, segundo Heringer (2002), os estudiosos em geral apresentam o acesso à educação como o principal fator relacionado a melhores condições de vida e melhor inserção no mercado de trabalho, o que, por consequência, acarreta melhor rendimento — elementos contrários à necroeducação, que, com sua prática, obstrui todos os caminhos possíveis no sentido de emancipação e autonomia; na prática da morte, no entendimento de Cury (2000), a educação se adapta como mecanismo de concentração de lucros, pois prepara mão de obra especializada para a multiplicação do capital, transformando-a numa ferramenta para a política de acumulação de riquezas.

Portanto, assentindo com Nunes, Santana e Franco (2021), enquanto sociedade não podemos legitimar uma educação que se desvia da sua função social, o de garantir a prática da autonomia, de incentivar a atuação dos seus alunos no exercício da democracia, construindo suas propostas políticas e pedagógicas visando à emancipação dos sujeitos como princípio básico e incontestável.

8

EDUCAÇÃO ANTIRRACISTA EQUITÁRIA EM OPOSIÇÃO À NECROEDUCAÇÃO

> *[...] o conhecimento que a escola oferece aos alunos se reduz a um amontoado de informações "pré-fabricadas", feitas para moldar o edifício teórico que afasta e amedronta os alunos, que não faz sentido para esses jovens alunos, obrigados, na maioria das vezes, a enfrentar uma dupla jornada entre a escola e o trabalho, cabendo ao professor transmiti-las e aos alunos memorizá-las.*
>
> *(Silva, 1999, p. 94).*

Neste capítulo, serão apresentadas as principais diferenças entre uma prática antirracista e a prática de uma educação formal colonialista; a educação antirracista não se limita a ensinar sobre a diversidade racial e cultural, ela vai além, desafiando os estereótipos, questionando privilégios e desconstruindo narrativas dominantes que perpetuam a opressão racial. É um compromisso ativo com a justiça social, que busca empoderar os estudantes para que se tornem agentes de mudança em suas comunidades; ao contrário, a prática da necroeducação, que transversaliza as questões raciais e a diversidade e que se mostra indiferente ao debate dos conflitos de relações raciais que ocorrem no espaço escolar, pode ser considerada como partidária da visão monolítica de um grupo dominante, que impõe o seu modo de produzir conhecimentos, sua cultura e regras de vida, desconsiderando os demais saberes, impondo aos outros grupos o reconhecimento de papéis sociais estabelecidos, sem a possibilidade de mobilidade social ou emancipação.

Essa prática desconectada com a realidade, a diversidade e os princípios éticos, resulta na má qualidade da educação. Sobre a mudança na qualidade da educação, Bourdieu (1983) justifica que quando os filhos das classes populares não estavam no sistema educacional a educação não era a mesma; em suas palavras, "há a desvalorização pelo simples efeito da inflação e, ao mesmo tempo, também pelo fato de se modificar a 'qualidade social' dos detentores dos títulos". Explica que um dos resultados da inflação escolar é a desvalorização dos títulos — quanto mais acessíveis à classe pobre, ou, nas palavras do autor, "sem valor social" (Bourdieu, 1983, p. 5), mais desvalorizados serão, pois os títulos valem o que valem seus possuidores. Passos (2012) constata essa mudança na qualidade da educação oferecida pela escola, quando afirma que a educação pública apresenta nas escolas localizadas nas periferias urbanas as piores condições estruturais e pedagógicas. Além da insuficiência de material, como consequência a autora conclui que essa escola pobre é para os pobres e pretos. E como complementação nossa, esses pobres e pretos estão submetidos a uma educação formal, embasada em princípios de embranquecimento, com a desqualificação da cultura africana e afro-brasileira. Essa desigualdade educacional favorece a exclusão desse grupo no mercado de trabalho, ocasionando assim péssimas condições de vida.

Quando insistimos em uma educação de qualidade, embasada nos princípios antirracistas, alicerçamo-nos no pensamento de Aguiar (2011), ao afirmar que a educação pode ser pensada como um método de habilitação dos indivíduos em aptidões, conhecimentos, mecanismos essenciais para seu aperfeiçoamento intelectual e crescimento profissional, elementos da perspectiva do mercado de trabalho, além do objetivo de debater e produzir novos preceitos que colaborem para a construção de uma sociedade mais justa e democrática. A partir desse pensamento, o autor afirma que se faz necessário estabelecer procedimentos de ensino que favoreçam reconsiderar os papéis sociais, os estereótipos, os protótipos de beleza, identidade e história relacionados à população negra.

Nesse sentido, as diversas teorias e estudos sobre a temática racial podem colaborar na direção de uma Educação Antirracista. Uma das teorias plausíveis é a Teoria Racial Crítica, Critical Race Theory – CRT, que se encarrega dos estudos críticos de raça e racismo e ocupa-se em demonstrar como o racismo é estrutural na sociedade e no espaço escolar. A CRT foi introduzida em 1995 na Educação por Ladson-Billings e Tate (1995). E, de acordo com Ferreira (2014, p. 243), "A Teoria Racial Crítica (CRT) afirma que há outra história a ser contada, baseada na recuperação da memória e da história em oposição ao tradicional, empírico e estéril".

A educação nos moldes antirracistas traz a proposta de se contar a história pelo prisma do colonizado, questionando o poder e privilégios do grupo dominante. Conforme Ferreira (2014), essa educação tem como princípio o compromisso com a justiça social, que abrange direitos de oportunidade, o enfrentamento e o combate à eliminação do racismo, sexismo, homofobia e pobreza.

No Brasil, a teoria da Educação Antirracista, embasada nos princípios da Teoria Racial Crítica, ganha diferentes contribuições na discussão da temática raça e racismo. Os estudiosos da Educação Antirracista no Brasil nomeiam princípios como raça, justiça social, igualdade racial e étnica — todos relacionados ao poder e à exclusão.

Os estudos da temática, segundo Ferreira (2014), têm cooperado para o avanço dos debates sobre raça e racismo e relações raciais no Brasil, provocando mudanças no cenário da educação brasileira, como a implementação da Lei Federal n.º 10.639/03, cujo objetivo é assegurar o reconhecimento e valorização da identidade negra, no intuito de contribuir para a superação das manifestações de racismo, preconceito e discriminação; a implementação de políticas de cotas; a aprovação do Programa Nacional do Livro Didático (PNLD), considerando que o livro didático não pode ter conotações de racismo, preconceito e discriminação; e a criação dos Núcleos de Estudos Afro-brasileiros (Neab), que atualmente funcionam em algumas universidades federais, estaduais e privadas. Esses núcleos contribuem para a formação de pesquisadores e propostas de cursos para a formação de professores, além de publicação de livros, artigos e materiais didáticos relacionados à temática racial.

É a partir da década de 1980, conforme Franco (2008), que se inicia o debate sobre a influência do livro didático na formação da identidade e da autoestima de crianças negras, trazendo a teoria de que as imagens negativas vinculadas à inferiorização do negro no material didático ou, ainda, conteúdos preconceituosos a respeito da cultura e/ou história do povo negro impedem a construção de uma identidade negra positiva e, consequentemente, a emancipação da pessoa negra.

Na perspectiva do combate ao racismo, ao preconceito e à discriminação racial, Cavalleiro (2005) considera alguns aspectos como norteadores para o debate sobre a educação e direitos humanos. A autora considera a exclusão racial, fruto de práticas racistas e discriminatórias, instituída com a finalidade de "perpetuar" as desigualdades entre os brancos e os negros, com a confirmação de que existe o racismo institucional e individual. Para ela, o racismo institucional representa ações, valores e atitudes praticadas nas instituições sociais públicas e privadas, na prática de um tratamento diferenciado dado a determinados grupos raciais. Por seu turno, o racismo individual representa ações e comportamentos discriminatórios e preconceituosos. Já o preconceito, considerado um componente do racismo, é uma atitude hostil nas relações interpessoais; o preconceito dificulta o reconhecimento por parte do negro do que ele é, e se apresenta cotidianamente na vida da sociedade brasileira, é altamente nocivo à população negra, tanto em suas relações pessoais como em sua representação nos meios midiáticos. Por fim, a discriminação racial que estabelece privilégios a um determinado grupo social, como nos aspectos educacional e profissional, caracteriza-se também por dificultar o acesso em condições de igualdade em espaços sociais e de se beneficiar com políticas públicas elaboradas e executadas por instituições públicas.

A autora ressalta ainda que o preconceito e a discriminação raciais sofridas cotidianamente pelas crianças e jovens negros comprometem seu desenvolvimento intelectual, revelando também a omissão dos profissionais da educação em não reconhecer o racismo como um problema grave, a ser identificado e combatido, o que promoveria o respeito mútuo e uma convivência harmoniosa, sem preconceito ou discriminação; nesse caráter, a escola deve ser um espaço de mediação de conflitos entre os estudantes e entre estudantes e professores. Portanto, ela não pode se omitir, não perceber ou não considerar importante o racismo e suas implicações. Torna-se necessário, assim, um olhar mais atento às relações interpessoais nas escolas, bem como essa mesma atenção à produção e utilização dos materiais didáticos, que geralmente apresentam as pessoas negras como referências negativas, como escravos, em situações de subserviência e subalternidade, desprovidas de prestígio social, o que atrapalha a construção de uma identidade positiva dos negros.

Por sua vez, Munanga (2005) faz uma reflexão sobre a ausência na formação de professores de elementos preparatórios para que possam enfrentar o desafio de uma convivência conflituosa e das manifestações de discriminação, presentes no seu cotidiano profissional. O despreparo para esse enfrentamento compromete a tarefa do educador na formação, orientação e conscientização dos alunos. O autor sublinha que não busca culpados, pois o professor também é o resultado de uma sociedade excludente, eurocêntrica e hegemônica e que pode consciente ou inconscientemente reproduzir valores preconceituosos, além de estar envolvido com ferramentas de trabalho, material didático, audiovisual, livros etc., imbuídos de conteúdos depreciativos e preconceituosos no tocante a determinados povos e culturas; lembra o autor que esses mesmos preconceitos permeiam as relações interpessoais na rotina escolar.

Silva (2012), em seu estudo sobre uma Educação Antirracista, atesta que se as propostas de reparação à população negra, advindas da Lei Federal n.º 10.639/03, a Resolução n.º 1, de 17 de junho de 2004, do CNE/CP, o Parecer n.º 3 do CNE/CP, que institui as Diretrizes Curriculares Nacionais para a Educação das Relações Étnico-Raciais e para o ensino de História e Cultura Afro-Brasileira e Africana, e o Plano de Implementação das Diretrizes Curriculares Nacionais para a Educação das Relações Étnico-Raciais e para o ensino de História e Cultura Afro-Brasileira e Africana forem praticadas de forma plena nas escolas, a partir de um currículo construído para atender a essas demandas e entendendo que as escolas são espaços privilegiados de poder e pode utilizá-lo para influenciar a ordem social vigente e estimular a ação contra os discursos hegemônicos, que têm como desígnio a exclusão e o silenciamento dos grupos raciais historicamente marginalizados, o resultado será uma prática educacional transformadora e emancipacionista, bastante diferente da prática que se tem hoje.

Em consonância com Silva (2012), esse racismo imposto cotidianamente ao povo negro promove a sua negação, o apagamento, o ocultamento e silenciamento da sua história, e as poucas inserções nessa história se dão de maneira estereotipada, preconceituosa, subalternizada. Essa negação ou apagamento e exclusão do negro reflete-se em todos os aspectos em uma sociedade com práticas racistas imbuídas de valores hegemônicos, excludentes e estereotipados, calcados em acepções coloniais, perpetuados por uma prática necroeducacional.

Considerando que a prática educativa é intencional por natureza, é necessário levar em conta as construções subjetivas, as experiências individuais e a história de cada pessoa, pois esses são fatores que influenciam o aspecto cognitivo. A prática educativa, em sua interação com o indivíduo, manifesta-se como uma modalidade cultural e política. Como atividade cultural, ela atua como mediadora entre a prática produtiva e a prática política, preparando os indivíduos para o mundo do trabalho e para a vida social. Isso é feito utilizando recursos simbólicos formados pelo exercício da subjetividade, com ênfase na produção de conceitos e na vivência de valores. Essas são características da prática da Educação Equitária alicerçada nos princípios antirracistas, que se mostra totalmente decolonial, refutando os padrões do poder hegemônico e colonialista.

Portanto, interceder por uma prática antirracista é pensar a escola como um espaço dinâmico, que promove o debate sobre as relações sociais, analisa os resultados dessas interações, conforme Dayrell (2001), como um processo de apropriação contínuo dos espaços, das regras, das práticas e dos saberes que compõem o ambiente escolar. A escola debate as relações sociais e realiza a mediação dos conflitos, e, segundo Silva Jr. (2002), possui como características o espaço que reconhece a existência do racismo e não o ignora, mas procura fazer uma reflexão permanente sobre ele, não subestimando a diversidade presente no ambiente escolar e, por intermédio dela, promove a igualdade, propicia o ensino de uma história crítica sobre os grupos que foram historicamente excluídos, possibilita a eliminação do eurocentrismo nos currículos, os quais devem ser revisados e ampliados para incluir uma variedade de perspectivas históricas, culturais e étnicas, dando voz às experiências e contribuições dos grupos raciais excluídos.

9

A EDUCAÇÃO ANTIRRACISTA EQUITÁRIA COMO INSTRUMENTO PARA O COMBATE AO RACISMO

> *Como elemento de estratificação social, o racismo se materializou na cultura, no comportamento e nos valores dos indivíduos e das organizações sociais na sociedade brasileira, perpetuando uma estrutura desigual de oportunidades sociais para os negros.*
>
> *(Passos, 2012, p. 2)*

Partindo da premissa de que o conhecimento é a principal ferramenta utilizada pelo ser humano para compreender e orientar sua existência histórico-social, a prática educativa desempenha um papel crucial na formação do caráter do indivíduo. Ela influencia diversas esferas das relações sociais, incluindo o ambiente de trabalho, as interações interpessoais e a construção da subjetividade, dos valores e dos conceitos. A prática educativa não é meramente mecânica; ao contrário, é intencional, impregnada de valores e conceitos predefinidos, é fundamental se debater o enfrentamento do racismo na educação, porque ele é um dos produtos secundários da estrutura de classes na sociedade e se evidencia na dinâmica entre diferentes estratos sociais.

Assim, analisando a importância da inclusão do debate racial na área educacional, Rodrigues e Perón (2011) afirmam que a questão racial, vista antes sob o aspecto pedagógico, adquire contornos políticos, quando as pesquisas demonstram que o chamado "atraso escolar" dos alunos negros tinha correlações com o racismo, pois a cultura escolar vigente, pautada no modelo eurocêntrico, impossibilitava a incorporação da diversidade étnico-racial ao processo ensino-aprendizagem. Além disso, os livros didáticos não se preocupavam em estudar a heterogeneidade cultural das etnias africanas, estudando o povo africano como uniforme destituído de identidade, o que também dificultava a construção de uma identidade negra em seus alunos afrodescendentes.

Então, considerando que a política educacional brasileira se caracteriza pelo racismo que se encontra enraizado em nossas instituições escolares, dificultando o desenvolvimento da autoestima e a capacidade intelectual das pessoas discriminadas, propomos aqui uma Educação Equitária embasada nos princípios da Educação Antirracista, com o objetivo de promover e assegurar uma educação equitativa e de qualidade, capaz de proporcionar oportunidades iguais a todos, fazendo o resgate dos grupos historicamente excluídos, tendo como alicerce uma produção contra-hegemônica de conhecimentos e saberes, favorecendo, por fim, a autonomia do sujeito negro, uma prática educativa capaz de fornecer subsídios para dirimir a desigualdade e promover a emancipação desse indivíduo.

E, como afirma Gomes (2017), trazer para o espaço escolar a questão racial, como trunfo e não como barreira para a estruturação de uma sociedade mais democrática, na qual as diferenças sejam aceitas e que todos possam ser considerados cidadãos com direitos iguais.

A Educação Equitária Antirracista toma por base os saberes emancipatórios elaborados pelo movimento negro nas lutas por autonomia. Gomes (2017) considera como saberes emancipatórios, o modo de percepção do mundo e a elaboração de um entendimento marcado pela vivência de raça. Segundo ela, os saberes emancipatórios significam a interferência social, cultural e política de modo deliberado, conduzido pelos(as) negros(as) no decorrer da história, na sociedade e no curso de produção e reprodução da vida.

A autora divide os saberes emancipatórios em três grupos, a saber:

a) Os saberes identitários – Esses saberes colocam em debate a questão racial, tomam a raça por fundamento e tipificam a autodeclaração racial, o que aumenta a identificação na categoria raça, cor; como conquista se tem a ampliação de denúncias sobre a violência contra a mulher negra e a juventude negra, a inclusão do quesito raça/cor como categoria de análise na situação de mulheres e na da juventude negra em relação ao mercado de trabalho, à educação, saúde e pobreza em nosso país. Como resultado dos saberes identitários, a autodeclaração cresceu no país. Esse aumento vem ascendendo nos últimos anos, de 2012 a 2019; dados do IBGE de 2020 apontam que dos 209,2 milhões de habitantes do país, 19,2 milhões se autodeclararam pretos, enquanto 89,7 milhões se assumem pardos. A Região Nordeste tem a maior proporção de pessoas declaradas pretas, 11,9%, enquanto as pessoas pardas apresentam os maiores índices nas regiões Norte, 72,2%, e Nordeste, 62,5%.

Já a Região Sul possui o predomínio da população branca, 73,2%. A menor estimativa dessa população está na Região Norte, 19,1%.

b) Os saberes políticos – Estes também têm por base o debate da raça, discorrendo sobre a desconstrução do mito da democracia racial, utilizando a raça como parâmetro para suplantar as desigualdades, resultando na implementação de políticas públicas, como a Lei n.º 12.711, sancionada em agosto de 2012, a Lei de Cotas para o Ensino Superior, que garante reserva de 50% das matrículas por curso e turno nas universidades e institutos federais de educação, ciência e tecnologia a alunos oriundos do ensino médio público em cursos regulares ou de educação de jovens e adultos, a Lei n.º 12.990, de junho de 2014, que reserva aos negros 20% das vagas oferecidas nos concursos públicos para provimento de cargos efetivos e empregos públicos, e a Lei do Estatuto da Igualdade Racial, Lei n.º 12.288, de julho de 2010, a qual se destina a garantir à população negra a efetivação da igualdade de oportunidades. Os saberes políticos trazem ao debate a temática sobre as desigualdades raciais, que se incorporam nas universidades, nos órgãos governamentais e no Ministério da

Educação, o que tem aumentado o número de pesquisas sobre políticas educacionais na área da Sociologia, da Antropologia, da Saúde, da Educação e do Direito, com as tensões para se replicarem os questionamentos relativos à justiça social e à diversidade.

c) Os saberes estético-corpóreos – Esses saberes trazem ao debate a estética negra, com a finalidade de superar a concepção excêntrica e erótica atribuída a ela; a estética negra passa a ser entendida como elemento do direito de cidadania na vida das mulheres negras. Foi essa visão crítica sobre a estética negra que forneceu aos jovens negros elementos para diversos debates, como o feminismo negro, o empoderamento, a reafirmação da beleza negra, além de questionar às feministas brancas os privilégios da classe média, passando, também, a exigir dos companheiros, namorados, maridos ou parceiros uma atitude não violenta, promovendo debates sobre qual o lugar da mulher negra na sociedade, bem como contribuir para a criação de uma cultura negra em relação à estética de negritude, associada ao corpo negro. Esses saberes sobre o corpo têm sido largamente coletivizados e intensificados, especialmente pelos(as) jovens negros(as).

A Educação Equitária Antirracista, como uma prática escolar calcada nos saberes emancipatórios, visa à superação das desigualdades, tendo por base a questão racial como elemento estruturante de uma sociedade que pensa e age de forma racializada, à superação das modalidades de opressão e à consideração das narrativas dos(as) jovens negros(as), suas comunidades de origem, assim como a história e a colaboração do povo negro para o desenvolvimento deste país. Isso implica a reflexão sobre os discursos pedagógicos e suas práticas, que muitas vezes reiteram as posições de privilégios estabelecidos, tirando, assim, a capacidade de uma relação humana e de trabalho em condição de igualdade nos diversos espaços da vida social.

A Educação Equitária Antirracista se contrapõe à necroeducação, que consiste numa prática escolar na qual se reproduz a história do(a) negro(a) a partir da perspectiva eurocêntrica, colocando-o(a) como figurante de sua história, sem protagonismo, fazendo acreditar que herdou uma história "maldita" que não pode ser mudada, fortalecendo o racismo, os estereótipos, a discriminação e a subalternidade.

É com esse olhar que passo a refletir um pouco acerca de minha passagem na escola, com a prática dessa necroeducação, que tenta a todo custo embranquecer os negros. Como criança negra, pobre, oriunda de um quilombo urbano marcado pela violência, pobreza e pelo descaso dos poderes públicos, sem saneamento básico, com falta de água quase diariamente, transporte e apenas duas escolas públicas na época, fui vítima dessa prática nefasta. Ingressei na escola pública em fase tardia, aos nove anos de idade – é preciso salientar aqui as longas filas e as vagas reduzidas que eram oferecidas nas escolas públicas, nos idos de 1960, o que fazia com que nem todos conseguissem matrícula. Em virtude das raízes elitistas, a escola pública ainda era para poucos; para minha mãe, uma trabalhadora autônoma, era menos trabalhoso colocar os filhos nas chamadas "bancas" — espaços geralmente domésticos ou improvisados onde alguns adultos que detinham conhecimentos de leitura e matemática elementar recebiam crianças de idade variada e as treinavam nas primeiras letras, como escrever o próprio nome e dominar as quatro operações.

É necessário ressaltar que esse modelo educacional remonta ao período colonial, quando a educação se caracterizava por aulas particulares; em nosso caso, após o período colonial, quando completávamos a idade escolar, na época sete ou oito anos, erámos matriculados na escola pública. Naquele período, a escola não se preocupava em não mostrar o racismo e o preconceito, pois lembro que estes se davam abertamente. Na década de 1960, vivíamos na chamada era cristã democrática, e a teoria era de que "somos todos(as) filhos(as) de Deus", e conforme a Constituição Federal "somos todos iguais" (Capítulo I – Dos Direitos e Deveres Individuais e Coletivos, art. 5.º); porém, alguns filhos de Deus tinham mais "sorte" que outros e gozavam de privilégios que, segundo ouvia de minha família, nunca íamos alcançar, e o "somos todos iguais" se referia àqueles que realmente eram iguais, ou seja, brancos, e os desiguais eram os "sem sorte", nas palavras de D. Joana Conceição, minha avó materna, ou "Deus quem quis assim". Essas expressões soavam para mim, quando criança, como uma sentença de morte; a cor da pele negra era a marca dos "sem sorte", que eu não queria ter herdado, pois "não se pode mudar o destino" — fico imaginando minha avó viva hoje e vendo que é possível, sim, mudar o destino, mudar a nossa história ou pelo menos questionar, lutar, quebrar os paradigmas da má sorte e, apesar das barreiras do racismo, seguir arrombando as portas, pois elas não se abrem para nós, ou negociando para que isso aconteça.

As palavras "destino" e "sorte" me acompanharam durante toda a infância e parte da juventude; muitas vezes, ao sair do "trilho", ao sonhar alto, era convocada a ver meu "lugar". Entretanto, com ousadia, quis fervorosamente contrariar minha sorte e meu destino, desejei para mim um lugar que não foi determinado por uma sociedade racista; descobri que, estudando, acumulava uma riqueza que o racismo não poderia tirar de mim. Iria estudar até onde pudesse ir, e até hoje, quando minha mãe, com 91 anos, pergunta: "Vai estudar até quando? Você não para", eu respondo: "Até o final, até alcançar o último degrau da escada construída para nos impedir de chegar ao ápice dos nossos sonhos, pois creio que somente um caminho pode mudar a sorte e o destino daqueles que foram sempre tratados de maneira desigual".

A educação é o caminho que pode nos libertar desse cruel destino de exclusão, da ignorância e da "má sorte" de termos nascidos negros numa sociedade racista e, mais ainda, de ser mulher num espaço social que venera o machismo como uma virtude. Mas não essa educação que está proposta, vigente em nossa sociedade, a educação para a morte, a necroeducação, mas uma educação que realmente promova a emancipação de toda uma educação significativa, uma educação para a vida.

Uma Educação Antirracista, aqui denominada de Equitária, é caracterizada, segundo Silva Jr. (2002), entre outros aspectos, como: 1 – Aquela que reconhece a existência do problema racial na sociedade brasileira; 2 – Aquela que busca permanentemente uma reflexão sobre o racismo e seus derivados no cotidiano escolar; 3 – Aquela que repudia qualquer atitude preconceituosa e discriminatória na sociedade e no espaço educacional; 4 – Aquela que não despreza a diversidade presente no ambiente escolar (ao contrário, utiliza a diversidade para promover a igualdade); 5 – Aquela que tem como objetivo o ensino de uma história crítica sobre os diferentes grupos que compõem a sociedade brasileira; 6 – Aquela que busca materiais que contribuam para a eliminação do eurocentrismo dos currículos e que contemplem a diversidade racial; 7 – Aquela que pensa e aplica estratégias para o reconhecimento da diversidade racial na educação; 8 – Aquela que elabora ações para favorecer a construção da identidade de crianças e jovens pertencentes aos grupos historicamente excluídos (Silva Jr., 2002, p. 53).

A Educação Equitária Antirracista pensa a escola como um espaço sociocultural, e, de acordo com Dayrell (2001), numa perspectiva cultural, como um espaço dinâmico, do "fazer cotidiano," uma escola que analisa os resultados gerados pelas relações sociais, num processo de apropriação incessante dos espaços, das regras, das práticas e dos saberes que constituem o ambiente educacional.

Ou seja, a práxis escolar como um trabalho conjunto entre os que formam a instituição e os que participam dela, relação que envolve negociações, conflitos e acordos e não apenas imposição unilateral; a educação proposta é um processo heterogêneo, é a ação de múltiplos sujeitos. Significa a flexibilização do velho modo de educar e a busca por novas possibilidades, novas construções, que levam ao questionamento de um processo de ensino aprendizagem rígido, homogêneo e sem a participação do aprendiz.

A escola como um espaço dinâmico, proposta por múltiplos sujeitos, com uma construção de conhecimentos baseados na diversidade, promove no aluno uma formação global que aprofunda "[...] o seu processo de humanização, aprimorando as dimensões e habilidades que fazem de cada um de nós seres humanos" (Dayrell, 2001, p. 160).

A escola enquanto organização social precisa considerar que os educandos se caracterizam pela diversidade, não podendo tratá-los como se todos tivessem a mesma pertença étnico-racial, que eles apresentam níveis diferenciados de conhecimentos e que, portanto, a uniformização do processo educativo fortalece as desigualdades sociais.

Na Educação Equitária Antirracista, o papel do professor está embasado em teorias libertadoras e democráticas que visam à autonomia do sujeito, pois, para Freire, Gadotti e Guimarães (1989), a função do professor consiste em problematizar, proporcionar uma relação dialética a partir da realidade vivida pelo educando, num processo de reflexão-ação, caminhando para o aporte da liberdade daquele e sua autonomia.

Fundamentada nas teorias libertárias e antirracistas, a metodologia e prática escolar dessa educação devem ser capazes de cooperar para que os seres humanos se engajem na luta pela liberdade de todas as formas de opressão, por meio da libertação de sua consciência e de suas condições objetivas de vida, transformando-os em sujeitos críticos e reflexivos, que podem atuar em sua realidade e se inserir de maneira efetiva e consciente na sociedade, podendo ela, assim, servir de instrumento de emancipação dos(as) jovens negros(as) diante da opressão, já que a metodologia aludida propõe intervenção prática no cotidiano do ambiente escolar, de forma dinâmica e transformadora, considerando todas as situações de aprendizagens e tendo como princípio norteador a realidade do educando, sendo este um sujeito ativo no processo ensino-aprendizagem.

A metodologia aplicada segue princípios da decolonialidade, do pensamento e da pedagogia decolonial. Segundo Oliveira e Candau (2010), esses conceitos são propostas em processo de construção e possuem como referencial a formação da rede modernidade/colonialidade dos anos de 1990, reunindo nomes como Aníbal Quinjano (colonialismo, 2010), Enrique Dussel (transmodernidade, 1993), Walter Mignolo (projeto de modernidade eurocêntrica, 2008), Catherine Walsh (pedagogias decoloniais, 2009), Ramón Grosfoguel, Santiago Castro-Gómez, Edgardo Lander, Arturo Escobar, Nelson Maldonado-Torres, entre outros, grupo formado por intelectuais da América Latina cujo objetivo é a construção de um projeto de civilização numa sociedade não eurocentrada, tomando por base a atitude decolonial, resistência à cosmovisão eurocentrada e uma postura des-colonial, que, além de ser contrária ao projeto de civilização eurocentrada, propõe novos fundamentos à produção de conhecimentos e principalmente busca o reconhecimento das diferenças.

Para melhor compreender a importância dos conceitos acima citados e aplicá-los nos debates das relações étnico-raciais, da interculturalidade e da educação, Oliveira e Candau (2010) caracterizam os conceitos de colonialidade do poder e do saber de Quinjano (2005) como aqueles que geram a eliminação do imaginário do colonizado, provocando sua invisibilidade e subalternidade, e o conceito de colonialidade do poder como aquele que domina os modos de produção, de conhecimentos, dos saberes, da cosmovisão, das imagens do colonizado e estabelece outros conforme seus valores e princípios, firmando ainda que a colonialidade do saber nega a intelectualidade dos povos africanos e indígenas. Esses conceitos nos ajudam a questionar os saberes transmitidos pela escola com a negação e o esquecimento da história e cultura dos povos subalternizados.

Outra importante colaboração do grupo, de acordo com Oliveira e Candau (2010), é o conceito de geopolítica linguística, proposta por Mignolo (2005), quando este afirma que os processos de dominação colonial direcionaram a um monopólio linguístico, com a depreciação das línguas nativas, aliado ao modo de viver dos colonizados, promovendo sua invisibilidade e silenciamento. Nesse sentido, podemos observar a imposição dos currículos escolares em valorizar o ensino das línguas imperiais, como o espanhol hispânico e o inglês, e rechaçar a proposta do ensino das línguas indígenas e/ou línguas africanas. Destarte, o monopólio da língua continua sendo um eficaz instrumento de dominação.

Outro conceito relevante para a compreensão da metodologia aplicada à pesquisa é a estratégia da interculturalidade, fundamento que norteia a (re)leitura, a (re)interpretação do pensamento com outro modo de pensar, de viver e de produzir conhecimentos. O conceito acima é importante para a educação, pois busca romper com os processos de opressão, e decolonizar o conhecimento, e esse conhecimento tem que estar livre de pseudoconceitos, pois deve incorporar saberes emancipatórios, identitários e políticos; é um conhecimento reinventado, sem significados burgueses produzidos por uma ideologia hegemônica. Os saberes reinventados são descentralizados e incorporam os conhecimentos trazidos pelos educandos, que têm direito de ter acesso a novos conhecimentos e participar de sua produção.

Portanto, a Educação Equitária Antirracista procura a decolonialização da educação, propondo novas possibilidades, lançando um outro olhar sobre a história da população dominada, colonizada; a decolonialidade, aqui entendida, segundo Maldonado-Torres, Grosfoguel e Costa (2018), como rompimento das relações de poder, contribuirá para identificar, nas percepções pedagógicas dos docentes, elementos de uma prática escolar antirracista ou uma prática eurocentrada e hegemônica, além de debater e analisar os instrumentos de submissão e opressão que dificultam a construção de uma representatividade não estereotipada do(a) jovem negro(a) soteropolitano, dando subsídios para enfrentar a pedagogia da reprodução de conhecimentos determinados por um grupo dominante e propondo uma expansão dos saberes e outros modos de produzir conhecimentos, o que pode favorecer a afirmação da diferença e não da desigualdade, assim como questionar o sistema de privilégios que está posto e é legitimado pela escola e colaborar para contar outra história do negro brasileiro.

É fato que não basta uma mudança curricular com pautas da decolonialidade e a introdução de temáticas vinculadas a uma prática antirracista para provocar uma transformação fundamental no processo educacional, visto que o aparato estatal continua seguindo o modelo epistemológico eurocentrado e hegemônico, e ainda conforme Nunes, Santana e Franco (2021) uma mudança epistemológica que favoreça a decolonização curricular e que questione os princípios do pensamento racista passa inevitavelmente por uma ponderação na formação de profissionais em educação, previsto na Resolução n.º 1, de 2004, em seu artigo 1º orientando que as instituições de ensino superior incluam nos conteúdos de disciplinas e atividades curriculares dos cursos que ministram a Educação das Relações Étnico-Raciais, bem como o tratamento de questões e temáticas que dizem respeito aos afrodescendentes. Apesar de não ser uma tarefa fácil, resistimos na luta por uma transformação estruturante e sócio-histórica.

CONSIDERAÇÕES FINAIS

A compreensão das práticas pedagógicas presentes na escola pública em Salvador, relacionadas às políticas públicas de enfrentamento ao racismo mediante a forma como elas são acionadas como mecanismo de submissão pela prática da necroeducação, permite à pesquisa reiterar a existência do racismo no ambiente escolar, de maneira dissimulada, encoberta pelo pseudoconceito colonial da convivência racial harmoniosa, conforme foi evidenciado pelos entrevistados, assim como o seu fortalecimento por meio de práticas pedagógicas alicerçadas em origens eurocêntricas e arraigadas numa suposta superioridade de um grupo dominante sobre os demais, o qual impõe seus saberes, modos de produção de conhecimentos, cultura, normas e regras de vida, desconsiderando completamente, folclorizando ou lendarizando a cultura, os saberes e a cosmovisão de outros povos. Essa hegemonia leva à exclusão dos demais grupos.

Foi possível observar que o enfrentamento às práticas racistas não compõe o fazer pedagógico; as questões relacionadas ao racismo, à diversidade e ao preconceito são conteúdos trabalhados de forma sazonal, periódica, de acordo com o calendário escolar, sistematicamente nos meses de abril, agosto e novembro, em projetos pedagógicos que nem sempre envolvem toda a unidade escolar.

Identificamos que a escola não interage com a comunidade onde está situada, ou seja, ignora a origem e a história do seu aluno. A comunidade e a escola, muitas vezes, vivem numa relação de estranhamento; vez por outra a escola é "invadida", tem seus equipamentos subtraídos ou destruídos, isso porque a comunidade não considera a escola como integrante desse local, visto que a escola não integra a comunidade em seus projetos pedagógicos, apesar de o PPP prenunciar essa integração como uma das funções sociais da escola, nas escolas pesquisadas não há diálogo família/escola, elas trabalham isoladas e só convidam os pais para reuniões que muitas vezes se resumem em fazer "queixas" dos filhos.

Em relação à prática da necroeducação, a escola se transforma em um espaço sem sentidos, praticando conteúdos pouco significativos, sem correlação com a vida do aluno, formando um ambiente cansativo e sem nexo, o que ocasiona a evasão escolar e o acesso precoce e de modo vulnerável ao mundo do trabalho.

Os docentes reconhecem que, diferentemente da prática escolar da necroeducação presente na escola pública, somente uma prática antirracista pode promover a autonomia do(a) jovem negro(a), além de consentirem que a prática necroescolar é responsável pela exclusão desse jovem.

Os dados oficiais dos órgãos responsáveis pelo sistema de justiça depõem contra eles em relação à seletividade do público encarcerado, às taxas de pessoas negras custodiadas no Brasil e no estado da Bahia. Dão conta da prática do racismo estrutural desse sistema. São jovens, pretos, periféricos e sem escolarização, o que comprova uma prática educacional deficitária e excludente, uma educação assim como um sistema de justiça marcados pelo racismo e pelas relações de poder alicerçados em princípios colonialistas de desumanização de vidas consideradas como inferior.

Além do encarceramento em massa do povo preto, essa prática da necroeducação torna-se um mecanismo usado para que o grupo dominante permaneça no poder sem o questionamento dos privilégios ou da ocupação desse espaço pelos papéis sociais estabelecidos; nesse aspecto, a escola cumpre sua função de silenciar as outras manifestações culturais, saberes, conceitos e valores, dando essencialidade à cultura hegemônica e conceituando como lenda ou cultura inferior os outros conhecimentos.

Constatamos que essa prática não promove a autonomia do(a) jovem negro(a), visto que não considera a interculturalidade, nem busca romper com os processos de opressão, com a descentralização dos saberes e a incorporação dos saberes trazidos por ele, concedendo-lhe, assim, o direito de acesso a novos conhecimentos, ao contrário disso sinaliza para um lugar de subalternidade, de exclusão, aprisiona sua mente sem lhe dar oportunidade de desenvolvimento e como último recurso aprisiona o seu corpo físico como punição ao seu pertencimento racial.

A diversidade é compreendida como um processo histórico, social, cultural e político de construção das diferenças. A análise dessas diferenças requer uma abordagem que leve em consideração a interação com outros elementos, como os desafios de articular políticas de igualdade com políticas de identidade ou de reconhecimento da diferença, tanto em contextos nacionais quanto internacionais.

Com essas reflexões, esperamos ampliar e fortalecer o debate sobre a educação para as relações raciais, ao apontar para uma prática pedagógica da Educação Antirracista Equitária atenta para a decolonialidade da educação, com a possibilidade de acessar novos saberes e conhecimentos, com a possibilidade de transformar o espaço escolar como mediador de conflitos sociais, motivador de manifestações de resistência e respeito aos direitos e a diversidade, além de favorecer uma formação crítica dos docentes, apontando para a valorização de uma cultura não europeia, colaborando para o enfrentamento ao silenciamento dos grupos excluídos historicamente, ao enfrentamento do sistema de opressão, o que pode promover a formação de uma sociedade mais democrática e igual, pautada no princípio da multiculturalidade e na pedagogia da diversidade.

A educação antirracista é uma abordagem vital e transformadora que visa combater o racismo estrutural e promover a igualdade racial em todos os níveis da sociedade. Em sua essência, ela reconhece e confronta as desigualdades históricas, as injustiças sistêmicas e os preconceitos arraigados que permeiam as instituições educacionais e a sociedade como um todo.

REFERÊNCIAS

ACHUGAR, Hugo. **Direitos de memória, sobre independências e Estados:** nações na América Latina. Belo Horizonte: UFMG, 2006.

AGUIAR, Márcio M. Desafios da prática docente na construção de educação antirracista. *In*: RODRIGUES FILHO, Guimes; PERÓN, Cristina Mary R. (org.). **Racismo e Educação**. Uberlândia: EDUFU. 2011.

ALBUQUERQUE, Wlamyra R. de; FRAGA FILHO, Walter. **Uma história do negro no Brasil**. Salvador: Centro de Estudos Orientais; Brasília: Fundação Cultural Palmares, 2006.

ALMEIDA, Marco A. Bettine de; SANCHEZ, Lívia. Escolarização do negro no Brasil. **Revista Eletrônica de Educação**, v. 10, n. 20, 2016. Disponível em: 1459-9866-2PBescolarizacaodonegronobrasil. Acesso em: 26 ago. 2021.

ALVES, Adjair. Juventude, Raça e Cultura: a luta por visibilidade e reconhecimento social. **Revista**: O público e o privado, UFPE/FATEC, n. 20, jul./dez. 2012.

ANUÁRIO Brasileiro da Educação Básica- 2021. **Todos pela Educação**, jun. 2023. Disponível em: https://todospelaeducacao.org.br/anuario-da-educacao. Acesso em: 26 jun. 2023.

ANUÁRIO Brasileiro de Segurança Pública de 2022. **Fórum Segurança**. Disponível em: https://forumseguranca.org.br>anuário 2022.pdf. Acesso em: 23 jan. 2024.

ANUÁRIO Brasileiro de Segurança Pública de 2023. **Fórum Segurança**. Disponível em: https://forumseguranca.org.br>anuário 2023.pdf. Acesso em: 23 jan. 2024.

ASSIS, Ana Elisa S. Queiroz. Educação e Pandemia: Outras ou Refinadas formas de Exclusão? **EDUR – Educação em Revista**, 2021. Disponível em: https//www.scielo.br/j/edur. São Paulo, 2021. Acesso em: 5 jul. 2022.

BAGNO, Marcos. **Preconceito linguístico**: O que é, como se faz. 54. ed. São Paulo: Edições Loyola, 1999.

BOURDIEU, Pierre. A Juventude é apenas uma palavra. *In:* BOURDIEU, Pierre. **Questões de Sociologia**. Rio de Janeiro: Marco Zero, 1983. p. 112-121.

BRANDÃO, Juliana; LAGRECA, Amanda. O delito de ser negro: atravessamentos do racismo estrutural no sistema prisional brasileiro. *In:* FÓRUM BRASILEIRO DE SEGURANÇA PÚBLICA. **17º Anuário Brasileiro de Segurança Pública**. São Paulo, 2023. p. 308-319.

BRASIL. **Plano Nacional de Juventude**: proposta de atualização da minuta do Projeto de Lei 4.530/2004. Destinado a acompanhar e estudar propostas de Política Públicas para a Juventude e outros. Brasília, 2018. Disponível em: https://www.gov.br. Acesso em: 25 jul. 2019.

BRASIL. Ministério da Educação. Conselho Nacional de Educação. **Resolução CNE/CP n.º 01, de 17 de julho de 2004**. Institui as Diretrizes Curriculares Nacionais para a Educação das Relações Étnico- Raciais e para o Ensino de História e Cultura Afro-Brasileira e Africana. Brasília, 2004.

BRASIL. Ministério da Educação. Secretaria de Educação Continuada, Alfabetização e Diversidade. **Plano Nacional para a implementação das Diretrizes Curriculares Nacionais para a Educação das Relações Étnico-Raciais e para o ensino de História e Cultura Afro-Brasileira e Africana**. Brasília, 2009.

BRASIL. Atlas da violência 2018/2020. **A violência letal no Brasil**. Disponível em: https://www.ipea.gov.br/Atlasdaviolencia/download/24/Atlas-da-violencia-2020. Acesso em: 14 jun. 2021.

BRASIL. Atlas da violência 2020. **Dados do IPEA** – Instituto de Pesquisa Econômica Aplicada e FBSP – Fórum Brasileiro de Segurança Pública. Rio de Janeiro, 2020.

BRASIL. **Lei n.º 9.394, 20 de dezembro de 1996**. Estabelece as diretrizes e bases da educação nacional. Disponível em: www.planalto.gov.br. Acesso em: 5 mar. 2019.

BRASIL. **Lei n.º 11.645, de 10 de março de 2008.** Torna obrigatório o ensino de história e cultura afro-brasileira e indígena, em todas as escolas brasileiras públicas e privadas do ensino fundamental e médio. Altera a Lei n.º 10.639, de 9 de janeiro de 2003. Brasília: 2003.

BRASIL. **Lei n.º 10.639, de 9 de janeiro de 2003.** Estabelece a obrigatoriedade do ensino de história e cultura afro-brasileira, em todas as escolas brasileiras públicas e privadas do ensino fundamental e médio. Altera a Lei n.º 9.394, de 20 de dezembro de 1996, que estabelece as diretrizes e bases da educação nacional, para incluir no currículo oficial da Rede de Ensino a obrigatoriedade da temática "História e Cultura Afro-Brasileira". Brasília: 2003.

BRASIL. Presidência da República. Casa Civil. **Lei n.º 12.288, de 20 de julho de 2010.** Institui o Estatuto da Igualdade Racial, altera as Leis n.º 7.716, de 5 de janeiro de 1989, 9.029, de 13 de abril de 1995, 7.347, de 24 de julho de 1985 e 10.778, de 24 de novembro de 2003. Brasília, 2010.

BRASIL. Presidência da República. Casa Civil. **Lei n.º 12.711, de 29 de agosto de 2012.** Dispõe sobre o ingresso nas universidades federais e nas instituições federais, de ensino técnico de nível médio e dá outras providências. Brasília, 2012.

BRASIL. Presidência da República. Casa Civil. **Lei n.º 12.990, de 9 de junho de 2014.** Reserva aos negros 20% das vagas oferecidas nos concursos públicos para provimento de cargos efetivos e empregos públicos no âmbito da administração pública federal, das autarquias, das fundações públicas, das empresas públicas e das sociedades de economia mista controladas pela união. Brasília, 2014.

BRASIL. Ministério da Educação. **Anuário Brasileiro da Educação 2021.** Disponível em: https://mec.gov.br. Acesso em: 26/06/2023.

CARNEIRO, Sueli. **Enegrecer o feminismo**: a situação da mulher negra na América Latina a partir de uma perspectiva de gênero. São Paulo: Companhia Editora Nacional, 2000.

CASTELO, José Aderaldo. Conceito de literatura brasileira. *In:* ROMERO, Sílvio (org.). **História da literatura brasileira**. Rio de Janeiro: Ed. José Olympio, 1980.

CAVALLEIRO, Eliane. Por uma educação antirracista. *In:* MEC/SECAD (org.). **Educação Anti-racista**: caminhos abertos pela Lei n.º 10.639/03. Brasília, 2005. (Coleção educação para todos).

CERQUEIRA, Daniel R. de C; JÚNIOR, Almir de Oliveira; LIMA, Verônica C. de Araújo. Violência, Segurança Pública e Racismo. **Juventude, Racismo e Segurança Pública**. JMPMG Jurídico – Revista do Ministério Público do Estado de Minas Gerais, Edição Direitos Humanos. Belo Horizonte: CEAF/Gráfica e Editora Mafali, 2014.

CORREIO DA BAHIA. **Fechamento de escolas**. 2019. Disponível em: www.correio24horas.com.br/noticias/nid/fechamento-de-escola. Acesso em: 21 abr. 2020.

CORTI, Ana Paula de O. Adolescentes em processo de exclusão. *In:* SPOSITO, Marília P. (coord.). **Juventude e escolarização (1980 – 1998)**. Brasília: MEC/INEP/COMPED, 2002.

CRUZ, Mariléia S. Uma abordagem sobre a história da Educação dos negros. *In:* ROMÃO, Jeruse (org.). **História da Educação do negro e outras histórias**. Brasília: Ministério da Educação/ SECAD – Secretaria de Educação Continuada, Alfabetização e Diversidade. 2005. (Coleção Educação para todos).

CURY, Carlos R. Jamil. **Educação e contradição**. 7. ed. São Paulo: Cortez Editora, 2000.

D'ÁVILA, Jerry. **Diploma da brancura**. Tradução de Cláudia Sant'ana. São Paulo: Unesp, 2006.

DAYRELL, Juarez. O jovem como sujeito social juventude. *In:* FÁVERO, Osmar *et al.* (org.). **Juventude e contemporaneidade**. Brasília: SECAD/MEC, 2007. p. 155-176. (Coleção Educação para Todos).

DAYRELL, Juarez. (org.). **Múltiplos olhares sobre a educação e cultura**. 2. reimpr. Belo Horizonte: Editora UFMG, 2001. p. 136-161.

DIAS, Érika. PINTO, Fátima Cunha Ferreira. **A Educação e a Covid-19**: Ensaio Avaliação e Políticas Públicas em Educação. Rio de Janeiro: Editora Ensaio, 2020.

FANON, Frantz. **Os condenados da terra**. Rio de Janeiro: Ed. Civilização Brasileira, 1979.

FERNANDES, Luciana Costa. Leituras decoloniais sobre o sistema penal e os desafios à crítica criminológica contemporânea. **Revista Akeko**, Rio de Janeiro, v. 2, n. 1, set. 2019.

FERREIRA, Aparecida de J. Teoria Racial Crítica e letramento racial crítico: narrativas e contranarrativas de identidade racial de professores de línguas. **Revista ABPN**, v. 6, n. 14, jul./out. 2014.

FRANCO, Nanci Helena R. **Educação e Diversidade étnica cultural**: concepções elaboradas por estudantes no âmbito da Escola Municipal Helena Magalhães. 2008. Tese (Doutorado em Educação) – Faculdade de Educação, Universidade Federal da Bahia, Salvador, 2008.

FREIRE, Paulo. **Pedagogia do oprimido**. 5. ed. Rio de Janeiro: Editora Paz e Terra, 1978.

FREIRE, Paulo; GADOTTI, Moacir; GUIMARÃES, Sérgio. **Pedagogia**: diálogo e conflito. 4. ed. São Paulo: Editora Cortez, 1989.

FREITAS, Felipe da Silva. Juventude negra: qual é mesmo a diferença? *In:* PINHEIRO, Diógenes *et al.* (org.). **Agenda juventude Brasil**: leituras sobre uma década de mudanças. Rio de Janeiro, 2013. p. 102-125. Disponível em: agendajuventudebrasiljuventude-negra. Acesso em: 16 jul. 2019.

GESTOSO, J. Ignácio C. Viés racial no uso da força letal pela polícia no Brasil. **Juventude, Racismo e Segurança Pública**. Belo Horizonte: CEAF/Gráfica e Editora Mafali, 2014.

GOMES, Nilma Lino. **Alguns termos e conceitos presentes no debate sobre relações raciais no Brasil:** Uma breve discussão. Brasília: SECAD – Secretaria de Educação Continuada, Alfabetização e Diversidade, 2005.

GOMES, Nilma Lino. **O movimento negro educador:** saberes construídos nas lutas por emancipação. Petrópolis: Editora Vozes, 2017.

HERINGER, Rosana. **Desigualdades raciais no Brasil, síntese de indicadores e desafios no campo das políticas públicas.** Rio de Janeiro: Caderno de saúde pública, 2002.

hooks, bell. **Ensinando a transgredir:** a educação como prática da liberdade. Tradução de Marcelo Brandão Cipolla. São Paulo: Editora Martins Fontes, 2017.

IBGE, Instituto Brasileiro de Geografia e Estatística. **SIS** – Síntese de Indicadores Sociais. Atualizado em 7 nov. 2019. Disponível em: https://www.ibge.gov.br. Acesso em: 14 jun. 2021.

IDEB, índice de Desenvolvimento da Educação Básica. **Dados autodeclaração.** 2018. Disponível em: www.qedu.org.br. Acesso em: 29 abr. 2020.

INEP, Instituto Nacional de Estudos e Pesquisas Educacionais Anísio Teixeira. **Censo Escolar 2017.** Disponível em: www.censoescolar/2017. Acesso em: 28 maio 2020.

IPEA/FBSP. **Atlas da violência 2020.** Rio de Janeiro. Disponível em: http://www.ipea.gov.br. Acesso em: 13 jun. 2021.

LADSON-BILLINGS, Glória; TATE, William. Toward a Theory of Culturally Relevant Pedagogy. **American Educational Research Journal,** v. 32, n. 3, p. 465-491, 1995. Disponível em: https://www.jstor.org/stable/1163320. Acesso em: 5 jan. 2016.

LIMA, Suzete de P. **Racismo e violência, prática de extermínio contra a juventude negra.** 2010. Dissertação (Mestrado em Educação) – Faculdade de Educação, Universidade do Estado do Rio de Janeiro, Rio de Janeiro, 2010.

LOPES, Dailza; FIGUEREDO, Ângela. **Fios que tecem a história**: o cabelo crespo entre antigas e novas formas de ativismo. 2018. Disponível em: https://www.revistas.uneb.br/index.php/opara/article/download/5027/pdf. Acesso em: 28 maio 2019.

MACEDO, Marluce de L. **Intelectuais negros, Memória e Diálogo para uma Educação Antirracista**: Uma leitura de Abdias Nascimento e Edison Carneiro. 2013. Tese (Doutorado em Educação e Contemporaneidade) – Faculdade de Educação, Universidade Estadual da Bahia, Salvador, 2013.

MALDONADO-TORRES, Nelson; GROSFOGUEL, Ramón; COSTA, Joaze (org.). **Decolonialidade e pensamento afrodiaspórico**. Belo Horizonte: Autêntica Editora, 2018. (Coleção Cultura Negra e Identidade).

MBEMBE, Achille. **Necropolítica**: Biopoder, soberania, estado de exceção, política da morte. 2. ed. São Paulo: n-1 edições, 2018.

MELUCCI, Alberto. Juventude, tempo e movimentos sociais. Tradução de Angelina T. Peralva. **Revista Young**, Estocolmo, v. 4, n. 2, p. 3-14, 1996.

MÉSZAROS, István. **A Educação para além do capital**. Tradução de Isa Tavares. 2. ed. São Paulo: Boitempo, 2008.

MIGNOLO, Walter. **Histórias locais/Projetos globais**: colonialidade, saberes subalternos e pensamento liminar. Tradução de Solange Ribeiro de Oliveira. Belo Horizonte: Editora UFMG, 2005.

MORAES, Fabiana Vicente de; LANFRANCHI, Paulino. A incidência do genocídio da juventude negra e periférica na práxis do sistema único da assistência Social – SUAS. In: X ENCONTRO NACIONAL DE PESQUISADORES EM GESTÃO SOCIAL – UFCA, 10., 2018, Juazeiro do Norte. **Anais** [...]. Juazeiro do Norte, 2018.

MUNANGA, Kabengele. **Superando o racismo na escola**. Brasília: Edições MEC/BID/Unesco, 2005.

NASCIMENTO, Abdias. **O genocídio do negro brasileiro**: processo de um racismo mascarado. Rio de Janeiro: Editora Paz e Terra S/A, 1978.

NEIVA, Gerivaldo. **Jovens, pobres e pretos nos presídios da Bahia**: e as audiências de custódias? Disponível em: https://www.conjur.com.br, 2021. Acesso em: 5 fev. 2024.

NUNES, Cícera; SANTANA, Jusciney Carvalho; FRANCO, Nanci. H.R. Epistemologias negras e educação: relações étnico-raciais na formação do(a) pedagogo(a). **Roteiro**, [S.l.], v. 46, jan./dez 2021. Disponível em: https://portalperiódicos.unoesc.edu.br/roteiro/article/view/e26314. Acesso em: 26 ago. 2021.

OLIVEIRA, Luiz Fernandes; CANDAU, Vera Maria Ferrão. Pedagogia Decolonial e Educação Antirracista e Intercultural no Brasil. **Educação em Revista**, Belo Horizonte, v. 26, n. 01, p. 15-40, 2010

OLIVEIRA, Rosenilton Silva de; NASCIMENTO, Letícia Abílio do. Pedagogia do evento: o dia da consciência negra no contexto escolar. **Revista UFPR**, v. 22, n. 1, p. 135-158, jan./jun, 2021. Disponível em: https://revistas.ufpr.br/campos/article/download/74239/pdf. Acesso em: 26 ago. 2021.

PASSOS, Joana Célia dos. **As desigualdades educacionais, a população negra e a educação de jovens e adultos.** Disponível em: https://www.educadores.diaadia.pr.gov.br. Paraná, 2012.

PEREIRA, Alexandre B. **Muitas palavras**: a discussão recente sobre juventude nas Ciências Sociais. São Paulo: Editora Núcleo de Antropologia Urbana da USP, 2007.

PINHO, Patrícia de Santana. **Reinvenções da África na Bahia**. São Paulo: Ed. Annablume, 2004.

PIO, Camila Aparecida. **A política pública brasileira de Educação Integral implementada pelo governo Lula (2003-2010)**: O programa Mais Educação. 2014. Dissertação (Mestrado em Educação) – Universidade Estadual de Londrina, Londrina, 2014.

PONCE, Aníbal. **Educação e luta de classes.** 17. ed. São Paulo: Cortez, 2000.

RAIMUNDO, Valdencie J. A violência no cotidiano da juventude negra: um olhar sobre a questão. **Temporalis**, Brasília, ano 14, n. 27, p. 119-138, jan./jun. 2014. Disponível em: periodicos.ufes.br/temporalis/article/download/7168/5842. Acesso em: 22 jul. 2019.

RANGEL, Tauã L. Verdan; BASTOS, Francine T. Souza. Direito penal para quem? O emprego da repressão estatal como mecanismo de dominação do corpo preto à luz de uma abordagem histórica. *In:* SOUZA JÚNIOR, Manuel Alves de; VERDAN, Rangel Tauã Lima (org.). **Abordagens Étnico-Raciais, Necropolítica, Raça e Interdisciplinaridades**. Itapiranga, SC: Editora Schreiben, 2023 (Coleções Questões Raciais, Educação e Brasilidades).

RANGEL, Tauã L. Verdan; MALAQUIAS, Luciana dos Santos. **O Racismo para além da condição étnica:** racismo ambiental e perpetuação do negro enquanto figura de marginalização. *In:* Manuel Alves de Souza Júnior e Tauã Rangel Lima Verdan (org.). Abordagens Étnico-Raciais, Necropolítica, Raça e Interdisciplinaridades. Coleções Questões Raciais, Educação e Brasilidades. Itapiranga, SC: Editora Schreiben, 2023.

ROCHA, Luiz Carlos P. **Políticas afirmativas e Educação:** A Lei 10639/03 no contexto das políticas educacionais no Brasil contemporâneo. 2006. Dissertação (Mestrado em Educação e trabalho) – Universidade Federal do Paraná, Curitiba, 2006.

RODRIGUES FILHO, Guimes; PERÓN, Cristina M. Ribeiro (org.). **Racismo e Educação:** Contribuições para a implementação da Lei10.639/03. Uberlândia: EDUFU, 2011.

SANTANA, Adenilma O. **Políticas de Educação e juventudes de Salvador: nexos estratégicos.** 2017. Dissertação (Mestrado em Educação) – Universidade do Estado da Bahia, Salvador, 2017.

SANTOS, Sonia Querino; MACHADO, Vera Lúcia de C. Políticas públicas educacionais: antigas reivindicações, conquistas (Lei 10.639/03) e novos desafios. **Caderno de resumos Eixo:** Políticas Educacionais. Campinas: PUC/FAPESB, 2007.

SEAP, Secretaria de Administração Penitenciária. **Dados estatísticos.** Salvador, Bahia. 2023. Disponível em: https://www.seap.ba.gov.br. Acesso em: 5 fev. 2024.

SECRETARIA GERAL DA PRESIDÊNCIA DA REPÚBLICA, SECRETARIA NACIONAL DE JUVENTUDE, MINISTÉRIO DE JUSTIÇA E FÓRUM BRASILEIRO DE SEGURANÇA PÚBLICA. **Relatório de índice de vulnerabilidade juvenil à violência e desigualdade racial 2015.** Disponível em: http://unesdoc.unesco.org/images/0023/002329/232972POR.pdf. Acesso em: 15 fev. 2018.

SILVA, Geraldo da; ARAÚJO, Márcia. Da interdição escolar às ações educacionais de sucesso: escolas, movimentos negros e escolas profissionais técnicas e tecnológicas. *In:* ROMÃO, Jeruse (org.). **História da Educação do negro e outras histórias.** SECAD –Secretaria de Educação Continuada, Alfabetização e Diversidade – Coleção Educação para todos. Brasília: Ministério da Educação, 2005

SILVA, Glênio Oliveira; SILVA, Lázara Cristina da. **Educação das relações étnico-raciais em suspensão.** Uberlândia: Navegando Publicações, 2017.

SILVA, Jamile Borges da. **O significado social da escola, do trabalho e da tecnologia: para adolescentes em situação de cidadania**: um estudo de caso sobre a Fundação Cidade Mãe. 1999. Dissertação (Mestrado em Educação) – Faculdade de Educação, Universidade Federal da Bahia, Salvador, 1999.

SILVA JR., Hédio. **Discriminação racial nas escolas**: entre a lei e as práticas sociais. Brasília: Unesco, 2002.

SILVA, Tássia F. de O. Por uma educação antirracista no Brasil. **Revista Interdisciplinar**, Ano VII, v. 16, p. 103-116, jul./dez. 2012.

SOLON NETO. **O que é Geração tombamento.** 2017. Disponível em: https:www.almapreta.com/editoriais/realidade/o-que-e-geracao-tombamento. Acesso em: 28 maio 2019.

SOUZA, João Francisco. **Uma Pedagogia da Revolução.** São Paulo: Cortez e Autores Associados, 1987.

SPOSITO, Marília Pontes. Jovens e educação: novas dimensões de exclusão. **Em Aberto**, Brasília, n. 11, out./dez. 1992.

SPOSITO, Marília Pontes. **Os jovens no Brasil**: desigualdades multiplicadas e novas demandas políticas. São Paulo: Ação Educativa, 2003.

SUZART, Janete Fernandes; LOPES, Norma S. **Líderes negras em Salvador**: fala e preconceito. Alemanha: Novas Edições Acadêmicas (NEA), 2016. v. 1.

SUZART, Janete Fernandes. **Pesquisa de campo, em 02 escolas públicas de Salvador; GRE Subúrbio e GRE Cajazeiras.** Questionário/entrevista via Google Forms, 2020.

UNICEF/CENPEC. **Exclusão escolar.** 2020. Disponível em: Unicef.org.br. Acesso em: 10 jun. 2021.

UNICEF. **Cenário da exclusão escolar no Brasil, 2021.** Um alerta sobre os impactos da pandemia da Covid-19 na educação. Disponível em: https://www.unicef.org>brazil>relatórios,cenário-da-exclusao-escolar-no-brasil. Acesso em: 5 jul. 2022.

UNICEF. **Mapa dos homicídios de adolescentes em Salvador, 2016-2019.** Disponível em: Unicef.org.br. Acesso em: 14 jun. 2021.